पाँचवीं हिजरत

पाँचवीं हिजरत

हुमैरा राहत

तर्जुमा और चयन

सुरेश सलिल

ISBN : 9789350643983

PAANCHVI HIJRAT (Poetry) by Humaira Rahat

राजपाल एण्ड सन्ज़

1590, मदरसा रोड, कश्मीरी गेट-दिल्ली-110006

फोन: 011-23869812, 23865483, फैक्स: 011-23867791

e-mail : sales@rajpalpublishing.com

www.rajpalpublishing.com

www.facebook.com/rajpalandsons

क्रम

शायरा की कलम से

ज़िन्दगी क्या है! लम्ह-ए-अज़ल से लम्ह-ए-अबद तक[1] आँख की पुतली में जमी हुई हैरत। पहले होने की, और फिर न होने की। इसी हैरत के आस-पास कहीं इश्क़ का कारख़ाना है। मगर इश्क़ ने भी तहय्युर[2] की कोख से जन्म लिया है, इश्क़ का अपना एक जहान-ए-हैरत है। मैंने जब अपने अंदर झाँका तो उसी जहान-ए-हैरत में मेरी शायरी भटक रही थी सो इसी शायरी का हाथ थाम कर में आपकी दुनिया में चली आई हूँ।

इस कहानी का आग़ाज[3] 2011 में हुआ था जब मैं हिन्दुस्तान के शहर आगरा आई और यहाँ दिल्ली के मशहूर शायर, नक़्क़ाद[4] और मुतर्जिम[5] जनाब सुरेश सलिल साहिब से मेरी मुलाक़ात हुई। ये सार्क राईटर्ज़ कान्फ्रैंस का मौक़ा था। मैं पाकिस्तानी वफ़्द[6] में शामिल थी। सुरेश सलिल साहिब की नर्म, शाइस्ता और दरवेशियाना शख़्सियत ने मुझे बहुत मुतास्सिर[7] किया और फिर जब उन्होंने मेरी नज़्मों और ग़ज़लों का तर्जुमा हिन्दी ज़बान में करने की पेशकश की तो मेरी ख़ुशी की इंतिहा न रही। फिर उसी ख़ुशी को साथ लिये मैं पाकिस्तान वापस आ गई और वक़्त के साथ-साथ यह बात भी आई गई हो गई। एक तवील[8] अर्से के बाद एक बार फ़रमाय-ए-नाज़ मुसन्निफ़ा[9] नूर ज़हीर के ज़रिये सुरेश सलिल साहिब से दुबारा राब्ता हुआ और तराजिम[10] का बाक़ायदा आग़ाज हुआ।

मेरे लिए इन तराजिम की बहुत ज़्यादा अहमियत इसलिए है कि पहली बार मेरी शायरी हिन्दी ज़बान में मुतआरिफ़[11] की जा रही है। सुरेश सलिल जी ने जिस मुहब्बत से इन नज़्मों का तर्जुमा किया है और मीरा जौहरी ने जिस मेहनत और लगन से उसे किताबी शक्ल दी है ये वाक़ई मेरी ख़ुशबख़्ती है और बहुत बड़ा एज़ाज़ भी।

मैंने अफ़साने भी लिखे और शायरी भी की। मैं समझती हूँ कि नज़्म अफ़साने से ज़्यादा क़रीब होती है, वही पहली लाईन चौंका देने वाली, एहसास की नज़ाकत, जज़्बात का इज़हार और फिर आख़िर में एक मुबहम सी[12] प्यास का रह जाना। नज़्म कभी मुकम्मल नहीं होती और अफ़साना भी हमेशा अधूरा ही रहता है। शायद यही वजह है कि नज़्म लिखने में मुझे ज़्यादा लुत्फ़ आता है। अफ़साना लिखने में नज़्म मेरी मदद करती है और

---

1. जन्म-क्षण से मृत्यु-क्षण तक 2. हैरत 3. शुरुआत 4. आलोचक 5. अनुवादक 6. प्रतिनिधि मंडल 7. प्रभावित 8. लम्बे 9. जानी-मानी लेखिका 10. तर्जुमा, अनुवाद 11. प्रस्तुत, पेश 12. अपरिभाषित, अबूझ

नज़्म लिखने में अफ़साना मेरा हाथ थाम लेता है।

जब आप इस किताब का मुताला करेंगे[13] तो आपको भी इस बात का एहसास होगा कि सुरेश सलिल साहिब ने हिन्दी ज़बान की मिठास और नग़मगी इंतिहाई ख़ूबसूरत और महारत से मेरी नज़्मों और ग़ज़लों के बदन में घोल दी है। मुझे ख़ुशी है कि हिन्दुस्तान में न सिर्फ़ मेरी नज़्मों के तराजिम किए गए बल्कि उसे बेहद एहतिराम[14] से एक बड़े पब्लिशिंग इदारे[15] ने शाए[16] भी किया। ये ख़ुशी एक ऐसी दुआ की तरह है जो अभी होंठों पर भी न आई थी कि क़बूल हो गई, एक ऐसी सहर[17] की तरह है जो उम्मीद की एक किरण अपनी हथेली पर ले आई, एक ऐसे ख़ाब की तरह है जो अभी पलकों की दहलीज़ पर उतरा भी न हो और ताबीर[18] ने आगे बढ़कर उसे गले लगा लिया।

मेरी कम-ओ-बेश चालीस नज़्में और कई ग़ज़लें हिन्दी ज़बान का लिबास पहन कर आपके सामने हैं। उनमें से हर नज़्म को मैंने बहुत प्यार से, बहुत दर्द-मंदी से और मुकम्मल सच्चाई से लिखा है। इन नज़्मों में आपको मैं मिलूंगी। औरत मिलेगी। और शायद औरत का नसीब भी। वो नसीब जिसे न वो बनाती है न ही ख़ुदा। बल्कि मुआशरा[19] बनाता है। ये नज़्में एक आईना हैं। इनमें आपको समाज का अक्स भी मिलेगा और इश्क़ का धमाल भी। कहीं पर मैंने अपनी तन्हाई को लिखा है और कहीं पर उस शोर को जो मेरे अंदर ही कहीं मौजूद है और मुझे तन्हा नहीं होने देता। इस किताब का उन्वान[20] मेरी एक नज़्म 'पांचवीं हिजरत' पर रखा गया है। ये नज़्म उस औलाद की तरह है जो एक माँ को सब बच्चों में ज़्यादा अज़ीज़ होती है ये एक अफ़साने का प्लाट था जो अफ़साना बनते-बनते नज़्म बन गया। शायद अच्छा ही हुआ, क्योंकि नज़्म में ये मौज़ू ज़्यादा ताक़तवर, ज़्यादा असर-अनीज़ और ज़्यादा दिल-गुदाज़ अंदाज़ में सामने आया है। ये शायद पाकिस्तानी और हिन्दुस्तानी औरत का मुश्तर्का अल्मीया[21] है कि औरत का कोई घर नहीं होता। वो हमेशा चार रिश्तों की मुहताज रहती है बाप, भाई, शौहर और बेटा। मेरा ही एक शे'र हैः

ज़मीं पर घर की बुनियादें बहुत कमज़ोर ठहरीं
सो अब पानी पे घर तामीर करना[22] चाहती हूँ

मैंने इस बारे में बहुत सोचा है। ये नज़्म इसी सोच के नतीजे में वजूद में आई है। बज़ाहिर इस नज़्म में हमें औरत की लाचारी बेबसी और महरूमी नज़र आती है, लेकिन ऐसा नहीं है। मैंने बैन-उल-सुतूर जो पैग़ाम देने की कोशिश की है उसे समझने की ज़रूरत है।

---

13. गौर फर्माएँगे 14. सम्मान 15. प्रकाशन संस्थान 16. प्रकाशित 17. सुबह, भोर 18. स्वप्न-फल 19. सभ्यता, तहजीब 20. नाम, शीर्षक 21. एक जैसी ट्रेजिडी 22. बनाना

मैं सुरेश सलिल साहिब, राजपाल एण्ड सन्ज़ और मीरा जौहरी की अज़हद ममनून[23] हूँ कि उन्होंने मेरी शायरी को हिन्दी ज़बान में मुंतक़िल[24] करके ये दिलकश किताब शाए की और उसे ख़ूबसूरत और मुनफ़रिद[25] रंगों से आरास्ता किया[26]।

इस किताब में मौजूद नज़्मों में रक़म[27] हर लफ़्ज़ में, नारसाई[28] के उजाड़ सहरा से, ख़्वाब के तिलिस्म[29] घर तक जो जहान-ए-हैरत[30] आबाद है, उसे मैंने अपने इश्क़ से सजाया है। सो इस जहान-ए-हैरत में उतरिए। मेरी गुफ़्तगू[31] तमाम हुई। मेरी अपनी ही एक ग़ज़ल के शे'र के साथ इजाज़त दीजिए।

मैं निसाब-ए-ज़िंदगी के[32] नए हर्फ़[33] लिख रही हूँ
न शब पर सितम कि हदीस-ए-ख़ाब गोयम

कराची — **हुमैरा राहत**
19 मई, 2016

---

23. हार्दिक आभारी 24. प्रस्तुत 25. बेजोड़, अद्‌भुत, 26. सजाया, सँवारा 27. लिखित 28. पहुँच से परे, पकड़ाई न देने वाला 29. जादू, जादुई 30. आश्चर्य लोक 31. बातचीत 32. ज़िन्दगीनामा, ज़िन्दगी की किताब 33. अक्षर

हुमैरा राहत से एक मुलाकात

ख़मोशी इश्क़ के आदाम में शामिल है, फिर भी
लबों पर इक सवाल आना था, सो आ ही गया नाँ

इक लम्हे में किर्ची किर्ची जो हो जाए
तुम उस आईने के दुख से नावाकिफ़ हो

दर्द कहता है किसी साअत तन्हा में रोयें
इक मकाँ गहरे समन्दर से परे माँगता है

हुज़ूर आप कोई फ़ैसला करें तो सही
हैं सर झुके हुए, दरबार भी लगा हुआ है

इसी अंदाज़े-बयाँ के रास्ते पाकिस्तान की शायरा हुमैरा राहत की शायरी से मेरा परिचय हुआ। मौक़ा था 'सार्क' (South Asian Association for Regional Cooperation) मुल्कों के एक अदबी जलसे का, जिसमें हिन्दुस्तान, पाकिस्तान, अफ़ग़ानिस्तान, बाँग्लादेश, नेपाल, भूटान, माले और श्रीलंका के बहुत से शायरों, अदीबों और संस्कृतिकर्मियों ने हिस्सा लिया था। जलसा तीन दिनों का था और ताज के तारीख़ी शहर आगरा में हुआ था। हुमैरा राहत ने भी उसमें शिरकत की थी और एक शाम अपनी कुछेक ग़ज़लें और नज़्में पढ़ी थीं। उनकी शायरी और लबो-लहज़ा में कुछ ऐसा सोज़ था कि यक्-ब-यक् शायरी के क़द्रदानों का ध्यान उनकी ओर गया और वे उनके कलाम से मुतअस्सिर हुए। वजह शायद यह भी हो कि हुमैरा की शायरी में मीरा, हब्बाख़ातून से लेकर परवीन शाकिर तक की काव्य-परम्परा, जज़्बाती गहराई और उनका अपना ख़ास शे'री अन्दाज़ परस्पर घुल कर यक्दिल हो गये हैं।

सार्क मुल्कों के उसी अदबी जलसे में, एक मुख़्तसर सी गुफ़्तगू के दरमियान हुमैरा ने अपने नये शे'री मज्मुआ (काव्य-संग्रह) 'तहय्युरे-इश्क़' की एक कापी मुझे दी, तो उसके नाम पर नज़र पड़ते ही, सिराज औरंगाबादी का एक मत्ला यादों में कौंध गया—

ख़बरे-तहय्युरे-इश्क़ सुन, न जुनूँ रहा, न परी रही
न तो तू रहा, न तो मैं रहा, जो रही सो बेख़बरी रही

लेकिन यह सिर्फ़ संयोग ही था, वर्ना हुमैरा की शायरी में तसव्वुफ़ (अध्यात्म) की बजाय मजाज़ी (सांसारिक) रंग गहरा है और शे'री सफ़र जज़्बाती दुनिया से समाजी मसाइल, बल्कि और आगे, जदीदियत-मा बादे जदीदियत (आधुनिकता-उत्तर आधुनिकता) की चुनौतियों तक जाता है। ग़ौरतलब यह भी है कि हुमैरा के दूसरे मज्मुए में, 'तहय्युरे-इश्क़' उन्वान से, ग़ज़ल नहीं, बल्कि एक आज़ाद नज़्म है—

ब मुश्किल एक हैरानी को आँखों से निकाला था
कि फिर एक और हैरानी...
य' बस्ती कैसी बस्ती है
जहाँ पर मेरा हर इक् ख़्वाब
हैरानी की इक् चादर को ओढ़े सो रहा है
और तहय्युर की क़बा पहने हुए हैं अश्क सारे
और यहाँ तक कि हमारे इश्क़ ने भी
हिज्र के इक् संग पर जो लफ़्ज़ लिखा है
वो 'हैरत' है,
वही इक् लफ़्ज़ जो अब
मेरे दिल के आईने से बर सरे-पुरकार है,
और कौन जाने
आईना बाक़ी रहेगा
या हमारे इश्क़ की हैरत

हुमैरा राहत कराची में रहती हैं, घर-बार वाली ख़ातून शायरा हैं और स्कूल में पढ़ाती हैं। अदब की दुनिया में उनका रिश्ता शायरी के साथ-साथ अफ़सानानिगारी से भी है और पाकिस्तान के अदबी हल्क़ों में अलग से पहचानी जाती हैं।

जैसा पीछे उल्लेख हुआ है, 'तहय्युरे-इश्क़' हुमैरा की शायरी का दूसरा संग्रह है। इसमें ग़ज़लें और नज़्में, दोनों शामिल हैं। उनकी शायरी का पहला संग्रह 'आँचल में उदासी' कोई दस साल पहले आया था। उनका तीसरा कविता संग्रह और पहला कहानी संग्रह तैयारी के दौर में है।

हुमैरा अक़ीदतपसन्द (आस्थावान) ख़ातून शायरा हैं और रिवायत के मुताबिक़ 'तहय्युरे-इश्क़' की शुरुआत उन्होंने 'हम्द' और 'ना'त' (स्तुतिपरक कविताओं) से की है। 'हम्द' के शे'र देखें :

तिरे रहमो-करम का आसरा है
हथेली पर दिया जलता हुआ है
गुनाहों से मिरा दामन भरा है

बजुज़ अश्कों के मेरे पास क्या है
तिरी ही रोशनी है पास मेरे
वगर्ना पास मेरे क्या धरा है
मैं तेरा नाम जब लेती हूँ दिल से
मुक़द्दर पाँव मेरे चूमता है
है तुमसे कैसा ये मेरा तअल्लुक़
मुझे मालूम है तू जानता है

मगर हुमैरा की अक़ीदत का रंग ग़ैबी (परलोकवादी) नहीं है, बल्कि वो अक़ीदत के रास्ते जज़्बाती और समाजी और बेहिस (जड़ीभूत) साइंसी दौड़ की चुनौतियों का सामना करना चाहती हैं। इस उधेड़बुन में वो अक़ीदत को इश्क़ के तहय्युर (प्रेम-विस्मय) में घुला देती हैं। हुमैरा कहती हैं : ''इश्क़ और मुहब्बत में मामूली सा फ़र्क़ है—मुहब्बत इब्तिदा (आरम्भ) है और इश्क़ इंतेहा (हद, चरम), मुहब्बत रसाई (पहुँच, प्रवेश) है और इश्क़ नारसाई (पहुँच से परे), मुहब्बत दुआ है और इश्क़ इबादत, मुहब्बत तलब (चाह) है और इश्क़ हैरत (याने विस्मय), और इस हैरतकद्र (आश्चर्यलोक) के बेशुमार रास्ते हैं, लेकिन हर रास्ता एक ही मंज़िल तक जाता है, जो इर्फ़ान (ज्ञान, विवेक) की मंज़िल है। बहुत सारे रंग हैं इश्क़ के, मगर जब आँखें उन रंगों में इम्तियाज़ पर क़ादिर (चुनने पर आमादा) हो जाती हैं, तो फिर एक ही रंग बन जाता है—आँसुओं का रंग, तिश्नगी और आब्लापाई का रंग। उस इश्क़ की रौशनी मेरे अन्दर भी है और बाहर भी, और मेरी शायरी में रक़म हर लफ़्ज़ में भी...''

किसी भी पायेदार शायर की तरह, हुमैरा की शायरी उनके एहसासात का दस्तावेज है और इसके हर शे'र में—हर मिसरे में ज़िन्दगी बोलती है। वो शायर की ज़ाती ज़िन्दगी भी हो सकती है और हर ख़ासो-आम की भी। ''और ये वो ज़िन्दगी भी हो सकती है जिसे हम जी नहीं पाते, जो बिना आहट के हमारे क़रीब से गुज़र जाती है और हम सोचते रह जाते हैं कि—जब आईना था तब चेहरा नहीं था। है जब चेहरा तो आईना नहीं है।''

हुमैरा राहत की शायरी के इस संग्रह में 'तहय्युरे-इश्क़' की चुनी हुई ग़ज़लों और नज़्मों (जिनका चुनाव और लिप्यंतरण मैंने किया है) के साथ-साथ एक दर्जन से ऊपर ऐसी नज़्में भी शामिल हैं जो एकदम ताज़ा हैं और अभी उनके किसी मज्मुए में शाये (प्रकाशित) नहीं हुई हैं। इस संग्रह की कुछ नज़्मों का हिन्दी लिप्यंतरण 'रेख़्ता' संस्था से सम्बद्ध अनुराधा शर्मा ने किया है, उनके प्रति आभार।

दिल्ली
मार्च, 2016

—सुरेश सलिल

हम्द[1]

तिरे रहमो-करम का आसरा है
हथेली पर दीया जलता हुआ है
गुनाहों से मिरा दामन भरा है
बजुज़[2] अश्कों के मेरे पास क्या है
तिरी ही रोशनी है पास मेरे
वगर्ना[3] पास मेरे क्या धरा है
मैं तेरा नाम जब लेती हूँ दिल से
मुक़द्दर पाँव मेरे चूमता है
है तुझसे कैसा ये मेरा तअल्लुक़
मुझे मालूम है तू जानता है

---

1. स्तुति 2. सिवाय 3. अन्यथा

शहर बेमिसाल

(ना'तिया : प्रशस्तिपरक नज़्म)

ज़मीं पर शहर है असिया
बज़ाहिर जो ज़मीं पर है
मगर उसको ये नीला आस्माँ
हसरत से अक्सर देखता है
सोचता है, काश, कि वो भी ज़मीं होता
मैं जब भी छत पे बैठी बात करती हूँ सितारों से
बताती हूँ कि मैंने शहर को अब तक नहीं देखा
सितारे अपनी आँखों में
समो कर हैरतों के सारे मौसम
धक् से मुझको देखते हैं
और तास्सुफ़[1] से ये कहते हैं
'बड़ी बदबख़्त[2] हो तुम'

मैं जब साहिल[3] पे' जाती हूँ
समंदर साँस लेता है
तो लहरें उठके मुझसे पूछती हैं—
ये बताओ, शहर वो कैसा है
जिसमें रंग सारे
चाँद-तारे, नूर के धारे[4]
सरापा बंदगी हैं[5]

→

---

1. अफ़सोस 2. अभागिन 3. तट 4. किरणें 5. सम्पूर्ण प्रार्थना

और जहाँ पर,
हर दुआ तासीर[1] की दहलीज़ पर बैठी
य' कहती है
मुझे माँगो
मुझे माँगो
मुझे अल्लाह के घर जल्द जाना है
जवाबन सर झुका लेती हूँ मैं
मायूस होकर सारी लहरें लौट जाती हैं
कोई धीरे से कहता है, बड़ी बदबख़्त हो तुम

मिरे आक़ा बताएँ, अब मैं अपनी कमनसीबी
कौन से पानी से धो डालूँ
सफ़र उस शहर का
मुझको कभी आवाज़ ही देता नहीं है

---

1. प्रभाव, गुण

ग़ज़लें

1

हरेक ख़्वाब की ता’बीर[1] थोड़ी होती है
मुहब्बतों की ये तक़दीर थोड़ी होती है

कभी-कभी तो जुदा बे सबब भी होती है
सदा ज़माने की तफ़्सीर[2] थोड़ी होती है

पलक पे’ ठहरे हुए अश्क से कहा मैंने
हरेक दर्द की तश्हीर[3] थोड़ी होती है

सफ़र ये करते हैं इक दिल से दूसरे दिल तक
दुखों के पाँवों में ज़ंजीर थोड़ी होती है

दुआ को हाथ उठाओ तो ध्यान में रखना
हरेक लफ़्ज़ में तासीर[4] थोड़ी होती है

---

1. स्वप्न साकार होना 2. व्याख्या 3. बदनामी 4. असर

2

तुम्हारे दिल में बाल आना था, सो आ ही गया नाँ
मुहब्बत पर ज़वाल[1] आना था, सो आ ही गया नाँ

बड़ी मुद्दत से जिसकी आहटों को सुन रही थी
वो दुख भी अबके साल आना था, सो आ ही गया नाँ

अधूरी है हमारे बिन तुम्हारी ज़िन्दगी भी
तुम्हें इक दिन ख़याल आना था, सो आ ही गया नाँ

ख़मोशी इश्क़ के आदाब[2] में शामिल है; फिर भी
लबों पर इक् सवाल आना था, सो आ ही गया नाँ

बहा लें अश्क, लेकिन देखने पाये न कोई
य' आँखों को कमाल आना था, सो आ ही गया नाँ

हमारे ज़ख़्म कब से चाहते थे फूल बनना
कहीं से इंदिमाल[3] आना था, सो आ ही गया नाँ

---

1. कमी, गिरावट 2. शिष्टाचार 3. निदान

3

बारिश के क़तरे के दुख से नावाक़िफ़ हो
तुम हँसते चेहरे के दुख से नावाक़िफ़ हो

तुमने सिर्फ़ बिछड़ जाने का कर्ब[1] सहा है
पाकर खो देने के दुख से नावाक़िफ़ हो

एक ही छत के नीचे रहते हैं हम लेकिन
तुम मेरे लहजे के दुख से नावाक़िफ़ हो

साथ किसी के रह के जो तन्हा कटता है
तुम ऐसे लम्हे के दुख से नावाक़िफ़ हो

हाथों की चूड़ी की ज़बान समझ लेते हो
फैले हुए कजरे के दुख से नावाक़िफ़ हो

इक लम्हे में किर्ची-किर्ची जो हो जाये
तुम उस आईने के दुख से नावाक़िफ़ हो

जो मंज़िल तक जाके और कहीं मुड़ जाये
तुम ऐसे रस्ते के दुख से नावाक़िफ़ हो

---

1. दुख, यातना

4

हवा के साथ ये क्या मुआमला हुआ है
बुझा चुकी थी जो, वो दीया जला हुआ है

हुज़ूर आप कोई फ़ैसला करें तो सही
हैं सर झुके हुए, दरबार भी लगा हुआ है

खड़े हैं सामने कब से, मगर नहीं पढ़ते
वो एक लफ़्ज़, जो दीवार पर लिखा हुआ है

है किसका अक्स जो देखा है आईने से अलग
ये कैसा नक़्श है जो रूह पर बना हुआ है

ये किसका ख़्वाब है ता'बीर के तआक़ुब[1] में
ये कैसा अश्क है जो ख़ाक में मिला हुआ है

ये किसकी याद की बारिश में भीगता है बदन
ये कैसा फूल सरे-शाख़े-जाँ[2] खिला हुआ है

सितारा टूटते देखा तो डर गई 'राहत'
ख़बर ना थी, यही तक़दीर में लिक्खा हुआ है

---

1. कामनाओं या हसरतों के पीछे 2. ज़िन्दगी की डाली पर

5

वक़्त की आँख से कुछ ख़्वाब नये मांगता है
दिल मिरा, एक दुआ रात गये मांगता है

एक आवाज़ तहे - आब[1] बुलाती है मुझे
इश्क़ मुझसे भी वही कच्चे घड़े मांगता है

दर्द कहता है किसी साअतेतन्हा[2] में रहूँ
इक मकाँ गहरे समंदर से परे मांगता है

ज़ब्त[3] चाहे उसे रुख़्सत[4] की इजाज़त मिल जाये
अश्क आँखों से मुहब्बत के सिले[5] मांगता है

दश्त दर दश्त[6] लिये फिरता है मुझको ये जुनूँ[7]
इम्तिहाँ इश्क़ में कुछ और खरे मांगता है

---

1. पानी के नीचे 2. एकान्त क्षण 3. सहनशीलता, बर्दाश्त 4. जाने, विदा होने 5. पुरस्कार 6. जंगल-जंगल 7. जुनून, दीवानगी

6

वो जो साँस लेते ही मर गया, मेरा ख़्वाब था
वो जो एक पल में बिखर गया, मेरा ख़्वाब था

वो जो रोशनी की नवेद[1] थी, तेरी दीद थी
शबे-तार[2] में जो उतर गया, मेरा ख़्वाब था

थी मुहब्बतों के मलाल में, इसी हाल में
वो जो दिल उजाले से भर गया, मेरा ख़्वाब था

मिरी आँख में जो चिराग़ थे, वो जले रहे
जो हवा के साथ गुज़र गया, मेरा ख़्वाब था

न थी दिल में कोई भी आरज़ू मेरे रूबरू
वो जो दोस्त बन के ठहर गया, मेरा ख़्वाब था

कोई ढूँढ के उसे ला सके, ये बता सके
मेरी आँख से वो किधर गया, मेरा ख़्वाब था

---

1. ख़ुशख़बरी 2. सघन अँधेरी रात

7

ज़ख़्म दिल पर हमारे लगा और है
आज शब दर्द का ज़ाइक़ा और है

मेरे अंदर सदा है किसी और की
लब में मेरे मगर बोलता और है

जाने क्या इस फ़साने का अंजाम हो
अब के' आँधी नहीं है, दीया और है

हिज्र की शब हो या साअते-वस्ल हो[1]
उसमें हर शख़्स का तज्रिबा और है

आइने के मुक़ाबिल है चेहरा मिरा
एक चेहरा पसे-आइना[2] और है

इक नई प्यास है, इक नई कर्बला
हक़ व बातिल[3] का अब मा'रिका[4] और है

---

1. विरह की रात हो या मिलन-बेला 2. दर्पण के पीछे 3. सच और झूठ 4. द्वन्द्व, टकराहट

8

आँखों से किसी ख़्वाब को बाहर नहीं देखा
फिर इश्क़ ने ऐसा कोई मंज़र नहीं देखा

ये शहरे-सदाक़त[1] है, क़दम सोच के रखना
शाने पे[2] किसी के भी यहाँ सर नहीं देखा

हम उम्र बसर करते रहे 'मीर' की मानिंद
खिड़की को कभी खोल के बाहर नहीं देखा

वो इश्क़ को किस तरह समझ पायेगा जिसने
सहरा[3] से गले मिलते समंदर नहीं देखा

हम अपनी ग़ज़ल को ही सजाते रहे 'राहत'
आइना कभी हमने सँवर कर नहीं देखा

---

1. सच्चाई पसन्द शहर 2. कन्धे पर 3. जंगल

9

कोई ख़्वाहिश दिले-सौदाई[1] में रख दे कोई
एक दस्तक मिरी तन्हाई में रख दे कोई

जिसकी ख़ुश्बू मिरे अतराफ़ में है रक़्सकुनाँ[2]
वो ही चेहरा मिरी बीनाई[3] में रख दे कोई

छत के होते हुए भी छाँव से महरूम[4] हूँ मैं
एक बरगद मिरी अँगनाई में रख दे कोई

अब कोई दार[5] मुक़द्दर हो, कि ज़िंदां[6] हो नसीब
मेरी आवाज़ को सच्चाई में रख दे कोई

इश्क़ ता उम्र[7] जिसे कह न सका, उसके हुज़ूर[8]
बस उसी लफ़्ज़ को गोयाई में[9] रख दे कोई

एक ईनाम है ये बेख़तरी की हैरत
अब ये हैरत मिरी दानाई[10] में रख दे कोई

एक ही ख़्वाब के रंगों में रहे सारी हयात
वो मुहब्बत मेरे हरजाई में रख दे कोई[11]

---

1. प्रेमविह्वल हृदय 2. आस-पास थिरकती है 3. दृष्टि 4. वंचित 5. फाँसी 6. क़ैदखाना 7. उम्र भर 8. साक्षात उसके सम्मुख 9. बोलने की शक्ति, वाचालता 10. बुद्धि 11. सारा जीवन एक ही सपने की रंगीनियों में खोया रहे, यह प्रेम मेरे हरजाई प्रेमी में कोई रख दे

10

सब में मौज़ूद और सभी से अलग
अब मैं बैठी हूँ ज़िन्दगी से अलग

इश्क़ आबाद ले के जाता है
ये जो रस्ता है आगही[1] से अलग

ऐसा मंज़र भी आँख ने देखा
था दीया अपनी रोशनी से अलग

दूर इक झील बहती रहती है
ख़ुश्क होंठों की तिश्नगी[2] से अलग

ज़िन्दगी ऐसे मोड़ पर आई
ग़म से महरूम[3] है, ख़ुशी से अलग

अपनी दुनिया में वो मगन है बहुत
मेरे दिल की शिकस्तगी[4] से अलग

कोई रस्ता निकल नहीं सकता
मीर-ओ-ग़ालिब की शायरी से अलग

---

1. सतर्कता 2. प्यास 3. वंचित 4. बदहाली

11

क्यूँ जुदाई हुई, क्यूँ बढ़े फ़ासिले, तुमसे कैसे कहें
हमने तब्दील क्यूँ कर लिये रास्ते, तुमसे कैसे कहें

हम जो बिछुड़े, सबब उसका हम तुम न थे, सिर्फ़ तक़दीर थी
और तक़दीर से कोई कैसे लड़े तुमसे कैसे कहें

चाँद सूरज सितारे सभी थे, मगर रोशनी ना हुई
रोशनी सिर्फ़ तुम थे हमारे लिए, तुमसे कैसे कहें

काम आई न कुछ अपनी दीवानगी, उम्र कैसे कटी
बुझ गये क्यूँ उम्मीदों के सारे दीये, तुमसे कैसे कहें

कुछ ज़माने ने भी इश्क़ के पाँव में बेड़ियाँ डाल दीं
मस्अले[1] कुछ हमारे भी हायल[2] रहे, तुमसे कैसे कहें

लोग चेहरे पे' चेहरा सजा कर मिले, हम न समझे मगर
आस्तीनों में थे साँप पाले हुए, तुमसे कैसे कहें

इक वही बात जो तुमसे कहनी थी वो अनकही रह गई
बस हरेक मोड़ पे हम ये सोचा किये, तुमसे कैसे कहें

---

1. मसले, समस्याएँ 2. हावी, सवार, घिरे

12

कोई चारागरी[1] है न हमसफ़र, मेरे बेख़बर तुझे क्या ख़बर
मैं खड़ी हूँ कौन से मोड़ पर, मेरे बेख़बर तुझे क्या ख़बर

ये तो अपना-अपना नसीब है कि किसी के कोई क़रीब है
किसी नाम पर कोई दर ब दर, मेरे बेख़बर तुझे क्या ख़बर

कभी ज़ख़्म ज़ख़्म ज़बाँ हुई, कभी ख़्वाब जाए अयां[2] हुई
जो गुज़र गई मिरे हाल पर, मेरे बेख़बर तुझे क्या ख़बर

मेरे साथ चलते थे ये गुमां[3], कि मैं छू के आऊँगी आस्माँ
कहाँ कट गये मेरे बालो-पर[4], मेरे बेख़बर तुझे क्या ख़बर

तिरी याद की लिये रोशनी रहे-ज़िन्दगी में हर इक घड़ी
तेरा नाम लेती रही मगर, मेरे बेख़बर तुझे क्या ख़बर

---

1. तीमारदारी, देखभाल 2. स्वप्न मूर्त हुआ 3. घमंड 4. बाज़ू और पंख

13

ठहरे क़दमों का सदमा हो, या ज़ंजीर का दुख
सोच लिया है, अब लिक्खूँगी मैं तक़दीर का दुख

दामन मेरा भी ख़ाली था, क्या देती उसको
दूर तक आया पीछे मेरे, एक फ़क़ीर का दुख

दाद तो पा लेते हैं सब ही अपने निशाने की
जान कहाँ पाता है लेकिन कोई भी तीर का दुख

तू राँझा था, लेकिन तूने तख़्त नहीं छोड़ा
मैं भी ख़ामोशी से सह गई जानां, हीर का दुख

चेहरे पर इक प्यारी सी मुस्कान बना तो दी
झाँक रहा है आँखों से लेकिन तस्वीर का दुख

हर्फ़े - दुआ[1] होंठों पर लाने से पहले सोचो
ख़्वाब के रस्ते में पड़ता है इक ता'बीर[2] का दुख

क्यूँ ये उदासी दिल-आँगन में आकर बैठ गई
क्यूँ तेरे शे'रों में बोल रहा है 'मीर' का दुख

1. दुआ का शब्द 2. सफल या पूरा होना

14

मुकम्मल दास्ताँ होने से पहले
बिछुड़ जाना, ज़ियाँ[1] होने से पहले

बचा सकता है तू ही मेरे मालिक
किसी घर को मकाँ होने से पहले

बता दे कोई मुझको मैं कहाँ थी
जहाँ अब हूँ वहाँ होने से पहले

परिंदों की उड़ानें थीं कहाँ तक
शजर[2] और आस्माँ होने से पहले

बड़ी हसरत से किसको देखती है
मुहब्बत रायगाँ[3] होने से पहले

बरस जायें न ये आँखें अचानक
घटा के मिहरबाँ होने से पहले

---

1. नुकसान, क्षति 2. वृक्ष 3. निरर्थक

15

न क़फ़स[1] था और न आशियाँ[2], सो अजब सी दर बदरी[3] रही
न किसी ने पुर्सिशे-हाल[4] की, न किसी की चारागरी[5] रही

बड़ी मुद्दतों से बुझे हुए हैं चिराग़ सारे ख़याल के
न ख़िरद[6] की बाज़ीगरी रही, न जुनूँ की फ़ित्नागरी[7] रही

थी बहार मेरे क़रीब ही, मगर उसको कैसे पुकारती
मैं नसीब से थी तमाम उम्र डरी, सो अब भी डरी रही

किसी अक्स में उसे ढालते, किसी आइने से निकालते
यही आरज़ू थी जो उमर भर मिरे ताक़े-दिल में धरी रही

जो सज़ा लिखी वो अता[8] बनी, जो अता किया वो सज़ा लगा
मेरे मुह्तसिब[9], तिरी मुंसिफ़ी[10] की अजब ये कारीगरी रही

तिरे इश्क़ ने, तिरे ख़्वाब ने मुझे अपनी सिम्त[11] बुला लिया
'कि किताब अक़्ल के ताक़ में जो धरी थी त्यूँ ही धरी रही'

---

1. पिंजरा, जाल 2. नीड़, घोंसला 3. भटकन 4. कुशल-क्षेम 5. चिकित्सा, इलाज 6. बुद्धि, अक्ल 7. पागलपन का उपद्रव 8. पुरस्कार 9. नज़र रखने वाले 10. इन्साफ़ 11. तरफ़, ओर

16

अक्स न कोई ठहरा है
आईना - बेचेहरा - है

आस की नाव टूटी हुई
दर्द का सागर गहरा है

शायद सच्चा हो जाये
ख़्वाब का रंग सुनहरा है

मेरी याद की खिड़की में
सिर्फ़ तुम्हारा चेहरा है

ज़ेहन की बात नहीं सुनता
शायद ये दिल बहरा है

17

बिछुड़ते वक़्त भी रोया नहीं है
ये दिल अब नासमझ बच्चा नहीं है

मैं ऐसे रास्ते पर चल रही हूँ
जो मंज़िल की तरफ़ जाता नहीं है

मुहब्बत की अदीमुल्फ़ुर्सती में[1]
इसे चाहा मगर सोचा नहीं है

लबों पर मुस्कुराहट बन के चमका
जो आँसू, आँख से टपका नहीं है

जब आ'इना था तब चेहरा नहीं था
है अब चेहरा, तो आ'इना नहीं है

मैं ऐसे सानिहे[2] पर रो रही हूँ
अभी जो आँख ने देखा नहीं है

जो शहरे-इश्क़ का वासी है 'राहत'
वो तन्हा होके भी तन्हा नहीं है

---

1. ऐसा प्रेम जिसमें कुछ सोचने की फ़ुर्सत न हो 2. हादसा

18

किसी भी रायगानी[1] से बड़ा है
ये दुख तो ज़िन्दगानी से बड़ा है

न हमसे इश्क़ का मफ़हूम[2] पूछो
य' लफ़्ज़ अपने म'आनी से बड़ा है

हमारी आँख का ये एक आँसू
तुम्हारी राजधानी से बड़ा है

गुज़र जायेगी सारी रात इसमें
मिरा क़िस्सा कहानी से बड़ा है

तिरा ख़ामोश सा इज़हार[3] 'राहत'
किसी की लंतरानी[4] से बड़ा है

---

1. बर्बादी 2. असली मतलब 3. स्वीकृति 4. वाकपटुता

19

सराबे-ख़ुशगुमानी[1] से कहीं आगे खड़ी हूँ
मैं ख़ुद अपनी कहानी से कहीं आगे खड़ी हूँ

बनाती हूँ यहाँ पर ख़ुद ही मैं क़ानून अपने
तुम्हारी हुक्मरानी से कहीं आगे खड़ी हूँ

बहा कर जो तुम्हारी सिम्त[2] ले जायेगा मुझको
मैं उस दरिया के पानी से कहीं आगे खड़ी हूँ

कहीं पर ख़्वाब की ता'बीर[3] अब भी मुंतज़िर[4] है
मगर मैं ज़िन्दगानी से कहीं आगे खड़ी हूँ

तुम्हारे इश्क़ की शिद्दत सहारा यूँ बनी है
कि ख़ौफ़े-रायगानी[5] से कहीं आगे खड़ी हूँ

किसी ख़ामोश से पल में जो आँखों को भिगो दे
मैं ऐसी शादमानी[6] से कहीं आगे खड़ी हूँ

---

1. इस भ्रम से कि मैं किसी की नज़र में अच्छी हूँ 2. ओर 3. स्वप्न का साकार होना
4. प्रतीक्षित 5. बर्बादी के भय से 6. खुशी

20

कभी कमरा कभी दर बोलता है
ये कैसी बोलियाँ घर बोलता है

इक आँसू है जो कुछ कहता नहीं है
मगर इक दर्द अक्सर बोलता है

बदलती जा रही है अब रिवायत[1]
लहू ख़ामोश, ख़ंजर बोलता है

मेरे नज़दीक आकर ध्यान से सुन
मेरे अंदर समंदर बोलता है

तहय्युर[2] इश्क़ का कम हो न जाये
मेरी आँखों में ये डर बोलता है

नहीं देखा जो आँखों ने अभी तक
वही नादीदा[3] मंज़र बोलता है

मुसल्सल[4] बोलता रहता है कोई
कोई ख़ामोश रहकर बोलता है

कभी इक गूँजता सन्नाटा 'राहत'
हमारे बीच आकर बोलता है

---

1. चलन, परम्परा 2. विस्मय 3. अदृश्य 4. लगातार

21

चिराग़ हाथ में था, तीर भी कमान में था
मैं फिर भी हार गई, तू जो दरमियान में था

मैं आस्माँ की हदों को भी पार कर लेती
मगर वो ख़ौफ़, जो हाइल[1] मेरी उड़ान में था

थी ज़ख़्म ज़ख़्म मगर ख़ुद को टूटने न दिया
समंदरों से सिवा हौसला चट्टान में था

बदल भी सकता है अख़बार की ख़बर की तरह
तिरा ये वस्फ़[2] भला कब मिरे गुमान में था

अकेला छोड़ दिया धूप में सफ़र के लिए
उस एक शख़्स ने, जो दिल के सायबान में था

यक़ीन तुझ पे भला किस तरह मैं कर लेती
तज़ाद[3] हद से ज़ियादा तिरे बयान में था

1. आड़े आना 2. सिफ़त, ख़ूबी 3. विरोधाभास

22

हिसारे-ज़ात[1] से बाहर निकलना चाहती हूँ
मैं अब हर हुक्म से इन्कार करना चाहती हूँ

ज़मीं पर घर की बुनियादें बहुत कमज़ोर ठहरें
मैं अब पानी पे' घर तामीर[2] करना चाहती हूँ

गुज़ारी है जो मैंने ज़िन्दगी, मेरी नहीं थी
कम अज़ कम मौत तो अपनी ही मरना चाहती हूँ

न क़िस्मत है, न दुनिया है, न ज़ंजीरें हैं फिर भी
मैं अपने सारे वादों से मुकरना चाहती हूँ

किसी हरफ़े-सताइश की तलब[3] दिल में नहीं है
मैं ख़ुद अपने लिए सजना-सँवरना चाहती हूँ

---

1. व्यक्तित्व या ख़ुदी के दायरे से 2. बनाना, निर्मित करना 3. किसी से सराहना पाने की इच्छा

23

मिसाले-ख़ाक[1] कहीं पर बिखर के देखते हैं
क़रार मर के मिलेगा, तो मर के देखते हैं

सुना है ख़्वाब मुकम्मल कभी नहीं होते
सुना है इश्क़ ख़ता है सो करके देखते हैं

किसी की आँख में ढल जाता है हमारा अक्स
जब आईने में कभी बन-सँवर के देखते हैं

हमारे इश्क़ की मीरास[2] है बस एक ही ख़्वाब
तो आओ हम उसे ता'बीर[3] करके देखते हैं

सिवाय ख़ाक के कुछ भी नज़र नहीं आता
ज़मीं पे' जब भी सितारे उतर के देखते हैं

ये हुक्म है कि ज़मीने - फ़राज़ में[4] लिक्खें
सो उस ज़मीन में हम पाँव धर के देखते हैं

---

1. ख़ाक की भाँति 2. विरासत 3. साकार 4. बुलंद 'ज़मीन', (यहाँ ज़मीन ग़ज़ल के रदीफ़, शायर अहमद फ़राज़ की काव्य-शैली)

24

इक ख़्वाब बचा था, मगर अब कुछ भी नहीं है
तुम लौट के तब आये हो जब कुछ भी नहीं है

क़िस्मत में ही लिक्खा था ज़ियाँ[1], क्या किया जाये
इस बार ख़सारे[2] का सबब कुछ भी नहीं है

है हिज्र अज़ीयत[3], न कोई वस्ल की चाहत
सच पूछिये अब दिल की तलब कुछ भी नहीं है

हम ओढ़े हुए बैठे हैं ख़ामोशी की चादर
शिकवा न शिकायत सरे-लब[4] कुछ भी नहीं है

समझा कि है किरदार की अज़्मत[5] भी फ़साना
जाना कि यहाँ नामो-नसब[6] कुछ भी नहीं है

कुछ लोग हुए हर्फ़ की तौफ़ीर के मुन्कर[7]
कुछ लोग समझते हैं अदब कुछ भी नहीं है

---

1. अनिष्ट, क्षति 2. हानि, क्षति 3. वियोग या बिछोह का कष्ट 4. होंठों पर 5. महत्त्व, महिमा, सम्मान 6. नाम और कुल-गोत्र 7. शब्द के सम्मान के दुश्मन

25

ज़माना आश्ना होना पड़ेगा[1]
मुझे तुझ से जुदा होना पड़ेगा

मैं तेरा अक्स बन जाऊँगी लेकिन
तुझे फिर आईना होना पड़ेगा

तिरी ख़ातिर नहीं हूँ गुल से पत्थर
बता अब और क्या होना पड़ेगा

मुसाफ़िर से ये रास्ता कह रहा है
तुझे अब नक़्शे-पा[2] होना पड़ेगा

---

1. ज़माने से जान-पहचान करनी होगी 2. पद-चिह्न

26

मेरे आँगन में लम्हे भर ठहरी थी बारिश
मैंने तेरा नाम लिया तो रोने लगी बारिश

प्यार भरा इक रिश्ता है बरसात के मौसम से
सावन लगता है माँ जाया, हमजोली बारिश

इक मुद्दत के बाद य' सावन भाया है मुझको
एक अर्से के बाद मुझे फिर अच्छी लगी बारिश

चाँद सितारे मौसम सारे, तेरी क़िस्मत ऐसी
मेरे मुक़द्दर में लिक्खी थी अश्कों[1] की बारिश

दिन के शहर में जाने कब से धूप का मौसम है
कैसी हवाएँ कैसी घटाएँ और कैसी बारिश

---

1. आँसुओं

27

उसे भूली हुई कोई कहानी मार डालेगी
तुझे ऐ दिल तिरी ये ख़ुशगुमानी[1] मार डालेगी

बहुत ही सख़्त जाँ हैं हम, मगर लगता है कुछ ऐसा
इनायत[2] ग़म की, दुख की मिहूरबानी मार डालेगी

तुम अपने ख़्वाब और जज़्बे समेटो और बिखर जाओ
हमें तो अपने दिल की रायगानी[3] मार डालेगी

कभी मरने नहीं देंगे बहुत ना मिहूरबाँ लम्हे
कभी तन्हाई और इक शब सुहानी मार डालेगी

हयाते-नौ[4] कभी बन जायेगा इक आख़िरी लम्हा
कभी ऐसा भी होगा ज़िन्दगानी मार डालेगी

---

1. ख़ुशी से फूला न समाना 2. कृपा 3. बर्बादी 4. नयी ज़िन्दगी

28

इक ख़्वाब सिसकता है सरेशाम[1] अभी तक
होंठों पे लरज़ता है तिरा नाम अभी तक

अब भी है मिरा दश्त[2] समंदर तिरे दम से
आती है तिरी याद हर इक गाम अभी तक

"तन्हा पसे-ज़िन्दां, कभी रुस्वा सरे बाज़ार"[3]
सच्चाई को मिलता है ये इनआम अभी तक

है दर्द कभी, ज़ख़्म कभी, और कभी मरहम
सौ रंग बदलता है तिरा नाम अभी तक

इक हर्फ़े-जुदाई पे[4] क़लम ठहर गया है
पाया नहीं अफ़साने ने अंजाम अभी तक

मंज़र तो तेरी दैर का मअदूम[5] हुआ है
आँखें मिरी रक्खी हैं लबे-बाम[6] अभी तक

---

1. सूर्यास्त के समय 2. जंगल, बियाबान 3. क़ैदख़ाने में अकेला, कभी बाज़ार में बेइज़्ज़त
4. बिछुड़ने या अलग होने के शब्द पर 5. बर्बाद 6. छत पर

29

ख़्वाहिश की लौ, शौक़ की शिद्दत, कारे-हुनर[1] सच बोलता है
शायर चाहे झूठ भी बोले, शहर मगर सच बोलता है

झूठी तसल्ली झूठे दिलासे देता है वो उमर तमाम
आख़िरी वक़्त और आख़िरी लम्हे चारागर[2] सच बोलता है

कितने फ़रेब और कितने धोखे, कितनी बातें, कितने दावे
सारी गोयाई[3] खो देते हैं, वक़्त अगर सच बोलता है

आधी रात को छत पर जाकर पूरे चाँद को देखती हूँ
ज़ेहन के पर्दे पर यादों का हर मंज़र सच बोलता है

झूठ को सज्दा[4] करने वाले एक कहानी याद रहे
जिसको सच कहना होता है सूली पर सच बोलता है

महल दुमहलों की बुनियादें झूठ पे क़ाइम होती हैं
मैंने तो देखा है 'राहत' कच्चा घर सच बोलता है

---

1. फ़नकारी, कलाकारी 2. इलाज करने वाला, तीमारदार 3. बोलने की सामर्थ्य 4. माथा नवाना, आराधना

30

ज़िन्दगी बे अमान[1] कितनी है
हर ख़ुशी बदगुमान[2] कितनी है

आज तक कोई भी न जान सका
आरज़ू की उड़ान कितनी है

हर्फ़े-इन्कार[3] कह के झुक न सका
उस उठे सर की शान कितनी है

थम चुके अश्क, रात भीग चली
तू बता दास्तान कितनी है

ना-रसाई[4] है जिसकी क़िस्मत में
वो तलब[5] ख़ुशगुमान कितनी है

इक सफ़र जो अभी किया ही नहीं
उस सफ़र की थकान कितनी है

---

1. असुरक्षित 2. जो किसी की ओर से बुरा खयाल रखे 3. इनकार 4. सुलभ न होना, पहुँच में न होना 5. चाह, इच्छा

31

कर्ब[1], उदासी, दर्द, जुदाई, शाम
आँगन मेरा और पराई शाम

भीगी हवा में है अश्कों का रंग
बाँट रही है क्यूँ तन्हाई शाम

मेरी तरह तन्हा है औ' ख़ामोश
खो बैठी है क्या गोयाई[2], शाम

शब की तारीकी[3] है उसकी मौत
जाने कैसी क़िस्मत लाई शाम

रंग उम्मीदें ख़ुशियाँ तेरे नाम
मेरे हिस्से में तो आई शाम

---

1. बेचैनी, व्याकुलता 2. बोलने की ताक़त 3. रात का अँधेरापन

32

तुम्हारे इश्क़ को हम हर्ज़े-जाँ[1] समझते रहे
थे चंद लफ़्ज़, जिन्हें दास्ताँ समझते रहे

हम उस जगह न थे जिस जा हमें बिठाया गया
तुम उस मुक़ाम पे कब थे जहाँ समझते रहे

वो अश्क आख़िरी लम्हों में काम आये बहुत
तमाम उम्र जिन्हें रायगाँ[2] समझते रहे

लबों को जुर्अते - इज़हार[3] इसलिए न हुई
ज़मीन ख़ुद को तुम्हें आस्माँ समझते रहे

बस एक हर्फ़े-तलब[4] से ज़ियादा कुछ भी न था
वो इश्क़ जिसको बहुत बेकराँ[5] समझते रहे

---

1. जीवन की व्यर्थता 2. व्यर्थ 3. स्वीकार या मंज़ूर करने की गुस्ताखी 4. इच्छा की अभिव्यक्ति
5. असीम

33

दश्ते-इम्कान से[1] निकल आई
इश्क़ के मान से[2] निकल आई

देखकर हाथ की लकीरों को
मैं तिरे ध्यान से निकल आई

तोड़कर शोहरतों के बुत सारे
अपनी पहचान से निकल आई

ख़्वाब आसेब[3] बन गये थे जहाँ
उस बियाबान से निकल आई

जान ली ज़ीस्त[4] की हक़ीक़त फिर
चश्मे - हैरान[5] से निकल आई

वस्ल[6] और हिज्र[7] की हदों से परे
जिस्म और जान से निकल आई

---

1. सम्भावनाओं के बियाबान से 2. घमंड से 3. प्रेत 4. जीवन 5. अचम्भित नेत्र 6. मिलन 7. वियोग

34

न कहना था जो, दुनिया कह रही है
ये गंगा कब से उल्टी बह रही है

ख़बर है ख़्वाब टूटेगा यक़ीनन
मगर इक फ़ाख़्ता दुख सह रही है

लगी थी उसकी बुनियादों में दीमक
सो अब दिल की इमारत ढह रही है

कहीं ये ख़ुश्क हो जाये न साथी
मिरे दिल में जो नदिया बह रही है

सितारा बंद मुट्ठी में मिलेगा
मिरी तक़दीर मुझ से कह रही है

मिरे दिल के अकेले घर में 'राहत'
उदासी जाने कब से रह रही है

35

तुम्हारे इश्क़ पे' दिल को जो मान था, न रहा
सितारा एक सरे-आसमान था, न रहा

वो और थे कि जो नाख़ुश थे दो जहाँ लेकर
हमारे पास तो बस इक जहान था, न रहा

तू अपनी फ़त्ह का ए'लान कर, मैं हार गई
वो हौसला कि मुझे जिस पे' मान था, न रहा

वही कहानी है, किरदार भी वही है मगर
जो एक नाम सरे-दास्तान था, न रहा

सदाएँ दोगे, पलट कर तो कभी देखोगे
हमारे दिल में ये मुब्हम[1] गुमान था, न रहा

1. व्यर्थ, अस्पष्ट

36

वक़्त ऐसा कोई तुझ पर आये
ख़ुश्क आँखों में समंदर आये

मिरे आँगन में नहीं थी बेरी
फिर भी हर सिम्त से[1] पत्थर आये

रास्ता देख न गोरी उसका
कब कोई शहर में जाकर आये

ज़िक्र सुनती हूँ उजाले का बहुत
उससे कहना कि मिरे घर आये

नाम जब भी ले वफ़ा का कोई
जाने क्यूँ आँख मिरी भर आये

---

1. हर तरफ़ से

37

कभी दर्द की किसी लहर में तुझे सोचना
कभी रात के किसी पहर में तुझे सोचना

कभी देखना किसी जगमगाते से ख़्वाब को
कभी चाँद रात के सहर में तुझे सोचना

किसी हाइकू[1] के ख़याल में तुझे ढूँढना
किसी ताज़ा नज़्म की बहर[2] में तुझे सोचना

कभी बारिशों में घटाओं से तिरी गुफ़्तगू
कभी माह[3] में, कभी मेहर[4] में तुम्हें सोचना

कभी दिल के सूने दयार[5] में तेरी जुस्तजू[6]
कभी ख़्वाहिशात[7] के शहर में तुझे सोचना

---

1. जापानी कविता का एक रूप 2. छंद, रवानी 3. चाँद 4. सूरज 5. घर 6. तलाश 7. इच्छाओं, कामनाओं

38

कहानी को मुकम्मल[1] जो करे वो बाब[2] उठा लाई
मैं उसकी आँख के साहिल[3] से अपने ख़्वाब उठा लाई

ख़ुशी मेरी गवारा थी न क़िस्मत को न दुनिया को
सो मैं कुछ ग़म बराए-ख़ातिरे-अहबाब[4] उठा लाई

हमेशा की तरह सर को झुकाया उसकी ख़्वाहिश पर
अँधेरा ख़ुद लिया, उसके लिए महताब[5] उठा लाई

समेटे उसके आँसू अपनी आँखों में तो जाने क्यूँ
मुझे ऐसा लगा कुछ गौहरे-नायाब[6] उठा लाई

मयस्सर[7] था न कोई ख़्वाब इन आँखों में रखने को
सो मैं इनके लिए अश्कों[8] का एक सैलाब उठा लाई

1. पूरा 2. अध्याय 3. तट 4. दोस्तों की ख़ातिर के लिए 5. चाँदनी 6. अनमोल मोती 7. सुलभ 8. आँसुओं

39

परवीन जावेद को नज़्र[1]

मुहब्बतों में हमें ऐसे आज़माया गया
कि अक्स छीन लिया, आइना दिखाया गया

हवाओं और घटाओं में साज़बाज़[2] हुई
फिर इक चिराग़ सरे-रहगुज़र[3] जलाया गया

अगर सफ़र ये अकेले ही मुझको करना था
तो क्यूँ फिर उसको मिरा हमसफ़र बनाया गया

मिरे ख़ुदा फ़क़त इतना सवाल है मेरा
मुझे ज़माने से क्यों मुख़्तलिफ़[4] बनाया गया

मैं एक ताक़ में रक्खा हुआ दीया कि जिसे
कभी जलाया गया औ' कभी बुझाया गया

1. अर्पित 2. सांठगांठ, साज़िश 3. रास्ते के बीचोबीच 4. अलग

40

दुआ के हर्फ़[1] रहमत[2] के ठिकानों तक भी जायेंगे
ज़मीं पे रहने वाले आसमानों तक भी जायेंगे

सियाही[3] का तमाशा देखने वालों से ये कह दो
कि ये सैलाब तो पक्के मकानों तक भी जायेंगे

उड़ानें सल्ब[4] कर लीं, काट डाले पर, मगर फिर भी
इसी हालत में ये शाहीं[5] चट्टानों तक भी जायेंगे

हवा पैग़ाम लाई है दरख़्तों की तबाही का
और आँधी के ये क़ासिद[6] सायबानों[7] तक भी जायेंगे

मुहब्बत में फ़क़त आँसू बहाना ही नहीं होता
वफ़ा के नामलेवा इम्तिहानों तक भी जायेंगे

हमारे तज्रिबे भी हीर राँझा जैसे सच्चे हैं
यक़ीनन अपने क़िस्से दास्तानों तक भी जायेंगे

---

1. शब्द 2. दया, कृपा 3. कालिमा 4. स्थगित 5. चील-बाज़ जैसे पक्षी 6. हरकारे, संदेशवाहक 7. दालानों

41

रहे-दीवानगी से डर न जाये
तुम्हारा इश्क़ मुझमें मर न जाये

जुदाई, बेवफ़ाई और रंजिश
हर इक इल्ज़ाम मेरे सर न जाये

ख़ुदा के बाद जो है आस मेरी
वही इक शख़्स तन्हा कर न जाये

लबों को मुस्कुराहट देने वाले
ये आँचल आँसुओं से भर न जाये

मुझे जिस ख़्वाब ने रक्खा है ज़िंदा
वही आँखों से हिजरत[1] कर न जाये

कभी ऐसा भी कोई मु'जिज़ा[2] हो
कि ये महताब[3] अपने घर न जाये

1. बिछुड़ 2. चमत्कार 3. चाँद

42

तिश्नगी के अज़ाब[1] सहता है
ये समंदर भी कितना प्यासा है

मुझसे मिलने तुम्हारी याद के साथ
चाँद हर रोज़ छत पे' आता है

ख़्वाहिशों के अँधेरे जंगल में
इक सितारा सा टिमटिमाता है

अपना हर रंज डाल दो इसमें
दिल हमारा कुएँ से गहरा है

कितना ख़ुदसर[2] दीया है ख़्वाहिश का
आँधियों में भी जलता रहता है

इक तअल्लुक़[3] है, इश्क़ है कि लगाव
जाने हम तुम में कैसा रिश्ता है

मिरे वहम औ' तिरे गुमान के बीच
इक मुकम्मल यक़ीन[4] रहता है

---

1. यातना, दुःख 2. अक्खड़, ज़िद्दी 3. सम्बन्ध 4. पूरा भरोसा

43

क्या मुझको दिखायेगी मिरी उम्रे-रवाँ[1] और
इस इश्क़ से बढ़ कर है कोई कर्बे-ज़ियाँ[2] और

तू भी तो अकेली है शबे-हिज्र तो फिर आ
ईजाद करें मिल के कोई तर्ज़े-फ़ुग़ाँ[3] और

आवाज़ उठाने की इजाज़त तो है लेकिन
हर दौर में सच्चाई की क़ीमत है यहाँ और

वो राज़ कि रक्खूँ जिसे इस दिल में छिपा कर
देखूँ उसे तो चेहरे से, होता है अयाँ[4] और

ये इश्क़ है, बच्चों का इसे खेल न जानो
सर[5] करनी पड़ेंगी अभी कुछ कोहे-गराँ[6] और

इक आस है जो टूट के भी टूट न पाई
कुछ और हक़ीक़त है गुज़रता है गुमाँ और

वो राहते-जाँ जब भी मुक़ाबिल मिरे आई
सोचूँ हूँ मैं कुछ और पे' कहती है ज़बाँ और

---

1. बढ़ती उम्र 2. अनिष्ट की वेदना 3. रुदन का तरीक़ा 4. प्रकट 5. पार करना 6. खाई-खंदक

44

पहरेदारों से कहाँ इज़्ने-सफ़र[1] माँगते हैं
हम वो नादान कि पत्थर से गुहर[2] माँगते हैं

है चलन कितना अजब ये कि मिरे अहद[3] में लोग
बीज बोते नहीं मिट्टी में, समर[4] माँगते हैं

इस क़दर घर को उजड़ते हुए देखा है कि अब
घर की ख़्वाहिश नहीं रखते हैं खँडहर माँगते हैं

संगदिल[5] धूप में उम्मीद है बारिश की हमें
और साहिल[6] पे' बना रेत का घर माँगते हैं

छोड़ दे गोशानशीनी[7] की ये आदत 'राहत'
तेरे अश्आर भी अब दादे-हुनर[8] माँगते हैं

---

1. यात्रा का निमन्त्रण 2. मोती 3. समय, वक़्त 4. फल 5. निर्मम 6. तट 7. घर में रहना 8. हुनर या कला की प्रशंसा

45

दिल अपना बहरे-ग़म में[1] डुबोने के बावजूद
ज़िन्दा हूँ आज भी, उसे खोने के बावजूद

कैसा अजीब दुख है कि देखा न रात भर
आँखों ने कोई ख़्वाब भी, सोने के बावजूद

हैरत है पढ़ने वाला इसे जानता नहीं
किरदार के कहानी में होने के बावजूद

उगने लगी है फिर से अँधेरों की एक फ़स्ल
तारों को इस ज़मीन पर बोने के बावजूद

दुनिया न कभी जान सकी मेरे कर्ब[2] को
पलकों को तिरे ग़म में भिगोने के बावजूद

ख़ूँ से लिखा हुआ है कोई नाम आज भी
क़ातिल की आस्तीन पे', धोने के बावजूद

अहसास की कमी है कि इंतिहाए-कर्ब[3]
आँखों में अश्क ही नहीं रोने के बावजूद

---

1. दुःख के सागर में 2. व्यथा, वेदना 3. वेदना की चरम अवस्था

46

तअल्लुक़ की[1] नई इक रस्म अब ईजाद करना है
न उसको भूलना है और न उसको याद करना है

ज़बानें कट गईं तो क्या, सलामत उँगलियाँ तो हैं
दरो-दीवार पे' लिख दो तुम्हें फ़रियाद करना है

सितारा ख़ुशगुमानी का सजाया है हथेली पर
किसी सूरत[2] हमें तो अपने दिल को शाद[3] करना है

बना कर एक घर दिल की ज़मीं पर उसकी यादों का
कभी आबाद करना है कभी बर्बाद करना है

तक़ाज़ा वक़्त का ये है न पीछे मुड़ के देखें हम
सो हमको वक़्त के इस फ़ैसले पर साद[4] करना है

---

1. सम्बन्धों की 2. तरह 3. प्रसन्न, खुश 4. सही का निशान लगाना

नज़्में

तलब[1]

मैं दोनों हाथ उठाये हुए कुछ माँगती हूँ
क्या माँगती हूँ, तू जानता है
बस्स् एक कमी है जीवन में
क्या है वो कमी, तू जानता है
जब आँख खुली इस दुनिया में
थी एक दुआ हमराह मिरे
और अब वो दुआ मिरे साथ नहीं,
जो सर को ढाँपे रहती थी
वो एक रिदा[2] मिरे साथ नहीं
मिरे दामन में सब कुछ है, मगर
इक 'माँ' है, जो मेरे पास नहीं

तू हर इक शै[3] पर क़ादिर[4] है
नामुमकिन को मुमकिन कर दे
मिरा सब कुछ लेकर 'माँ' दे दे

---

1. याचना 2. आँचल, चादर 3. वस्तु, चीज़ 4. समर्थ, ईश्वर

तहय्युर-ए-इश्क़[1]

ब-मुश्किल एक हैरानी को आँखों से निकाला था
कि फिर एक और हैरानी...
य' बस्ती कैसी बस्ती है
जहाँ पर मेरा हर इक ख़्वाब
हैरानी की इक चादर को ओढ़े सो रहा है
और तहय्युर की क़बा[2] पहने हुए हैं अश्क सारे
और यहाँ तक कि हमारे इश्क़ ने भी
हिज्र के इक संग[3] पर जो लफ़्ज़ लिक्खा है
वो 'हैरत' है
वही इक लफ़्ज़ जो अब
मेरे दिल के आइने से बरसरे पुर्कार[4] है,
और कौन जाने
आइना बाक़ी रहेगा
या हमारे इश्क़ की हैरत

---

1. इश्क़ की हैरत 2. पोशाक, जामा 3. बिछोह के एक पत्थर पर 4. संघर्षरत

आँचल और सितारा

वो इक गुमनाम सा आँसू
जो मेरी आँख से निकला
बहुत पूछा
बहुत चाहा
बता दे मुझको वो क्या दुख है
कि जिसने उसका नाज़ुक दिल दुखाया है
मगर वो कुछ नहीं बोला
बस इक बेनाम ख़ामोशी से
आँचल के किसी कोने में यूँ गुम हो गया
मैंने बहुत ढूँढा
मगर उसकी नमी को हाथ मेरे छू न पाये
हाँ, मगर ये है
किसी ख़ामोश से पल में
कभी जब शाम ढलती है
तो आँचल में कहीं पर
इक सितारा सा चमकता है

इजाज़त

समंदर,
मैं तिरे अंदर उतर कर
चाहती हूँ देखना उन सारे लोगों को
जिन्हें तेरी कशिशअंगेज़[1] हल्की सब्ज़ आँखों ने
पुकारा इस तरह/दामन छुड़ा कर ज़िन्दगी से वो/
तिरी जानिब गये
और फिर कभी वापस नहीं आये
हाँ, मगर अब तक
कोई ऊँची सी लहर उठती है
तो पानी की उस दीवार पे
बिछुड़े हुए लोगों के आँसू झिलमिलाते हैं
कुछ ऐसे कि गुमां होता है
लहरों पर दीये कोई जलाता हो
जो ये पानी में बहते ख़्वाब हैं मरहूम[2] आँखों के
उन्हें इक बार अपनी ज़िंदा आँखों में
सजा कर देख लूँ मैं,
समंदर, बस, मुझे इतनी इजाज़त दे

---

1. आकर्षक 2. दिवंगत

बेबसी

लफ़्ज़ बच्चों की तरह होते हैं
रूठ जायें तो मनाना मुश्किल
लफ़्ज़ फूलों की तरह खिलते हैं
उनकी ख़ुश्बू को छुपाना मुश्किल
मिरी सोचों के घने जंगल में
ये परिंदों की तरह उड़ते हैं
कभी आहट की तरह गूँजते हैं
कभी साये की तरह चलते हैं
मुझमें रह कर भी मिरे दुश्मन हैं
मिरे होंठों के लिए उलझन हैं
मस्ला हैं जो न हल हो पाये
रास्ता हैं जो न तै हो पाये
इश्क़ अक्सर मुझे समझाता है
कह दूँ वह सब, जो मेरे दिल में है
जब मुक़ाबिल वो मेरे आता है
जाने क्या बात है
हर लफ़्ज़ मिरा
लब की दहलीज़ पे'
मर जाता है

काश

मेरे मालिक
बहुत रहमो-करम
मुझ पर किये तूने,
मैं तिरा शुक्र अदा करते नहीं थकती,
मगर, बस एक छोटी-सी शिकायत है
कि मेरी ज़िन्दगी में
इतने सारे 'काश'
क्यूँ रक्खे

इन्कार

महज़ इस बात पर वो मुश्तइल[1] है कि
मैं ख़ुद अपनी ही आँखों से ये दुनिया देखती हूँ
और वो जब भी चाहता है
अपनी बीनाई[2]
मिरी आँखों में रख दे
तो ज़बाँ इन्कार कर देती है,
और 'इन्कार' मेरा
क़ब्ले-ताज़िर[3] ठहरा है,
सुना ये है
सज़ा मेरा मुक़द्दर बन चुकी है
सो अब मैं मुंतज़र[4] हूँ एक तश्त[5] और
एक ख़ंजर की

1. उत्तेजित, भड़का हुआ 2. दृष्टि 3. सज़ा सुनाने वाले के सामने 4. इन्तज़ार में 5. तश्तरी, थाली

क़लम तलवार होती है

(हसरत मोहानी की याद में)

क़लम तलवार होती है
बशर्ते कि क़लम उस हाथ में हो
जिसमें सच्चाई का परचम थामने का
हौसला भी हो
हमारे अहद[1] का ये सानिहा[2] है कि
क़लम उस हाथ ने थामा हुआ है
जिसमें सच को झूठ और हर झूठ को
सच में बदल देने की आदत है
क़लम भी बिक रहा है और
लफ़्ज़ों का तक़द्दुस[3] भी,
न दरवेशी, न सच्चाई
न बेबाकी, न दानाई[4]
न चक्की की मशक़्क़त है
न वो मश्क़े-सुख़न[5] बाक़ी*
जो 'हसरत' ने दिखाया था
वो रस्ता सामने है
फिर भी बीनाई[6] को गिरवी रख के हम
इक इक से आँखें माँगते हैं

→

---

1. दौर, युग 2. दुर्घटना, त्रासदी 3. पवित्रता 4. बुद्धिमत्ता 5. काव्याभ्यास 6. दृष्टि
*संदर्भः हसरत मोहानी का शे'र : "चक्की की मशक़्क़त है/और मश्क़े-सुख़न जारी।" यह शे'र उन्होंने क़ैदख़ाने में लिखा था।

ख़ुदाया, अब हमें इक और 'हसरत' की ज़रूरत है
वो 'हसरत' जो फ़क़त शायर नहीं था
शायरी का मान था
और लिख रहा था अपने ख़ूने-दिल से
ऐसी दास्ताँ,
जो आज बाक़ी तो है
लेकिन उसका हर किरदार[1] ग़ायब है

---

1. पात्र

आदाबे-इश्क़

मुहब्बत तुम न कर पाओगे, हम पहले ही कहते थे
तुम्हें गर याद हो जानाँ
कहा था हमने, तुमको इश्क़ के आदाब[1]
पहले सीखने होंगे
कि उस रस्ते पे' चलने के लिए
पैरों को सब्ज़े[2] की तमन्ना छोड़नी होगी
यहाँ सहरा भी होते हैं
यहाँ दरिया भी होते हैं
यहाँ सूदो-ज़ियाँ[3] का सिलसिला भी है,
सो अब तुमको ख़सारे[4] के लिए तैयार रहना है,
यहाँ होंठों को हँसने की इजाज़त कम मिलेगी
और यहाँ आँखों को अश्कों से
तअल्लुक़ दोस्ती का जोड़ना होगा,
मुहब्बत ख़्वाब है ऐसा
न कुछ ता'बीर[5] है इसकी
अजब तक़दीर है इसकी
मुहब्बत की ज़मीं में आस का पौधा नहीं उगता
तुम्हें मर मर के जीना सीखना होगा
मुहब्बत में बहुत से इम्तिहाँ होंगे
मगर फिर भी
किसी अच्छे नतीजे की कभी उम्मीद मत करना
मुहब्बत तुम न कर पाओगे
हम पहले ही कहते थे

---

1. प्रेम के शिष्टाचार 2. हरियाली 3. नफ़ा नुक़सान 4. नुक़सान 5. फल

आप अपने आप से

तुम बहुत अजीब हो,
किस क़दर अजीब हो–
ख़्वाब देखती हो जिनको देखना गुनाह
हर्फ़ लिख रही हो जिनको सोचना भी जुर्म
पाँव में पड़ी हुई बेड़ियों से बेख़बर
उड़ान लिख के हाथ में
नसीब की लकीर पर
समझ रही हो आस्माँ तुम्हारी दस्तरस[1] में है
दीया बना के आप अपने हाथ से
समझ रही हो रोशनी तुम्हारे इर्द-गिर्द है
जो मंज़िलों से दूर ले के जाये, ऐसे रास्ते पे'
        जाना चाहती हो तुम
किनारे पानियों के रेत का महल बनाना चाहती हो तुम
ये भूलकर, कि ख़्वाब, आस्माँ, उड़ान
        और रेत का महल
नहीं अगर नसीब में
तो कैसे पा सकोगी तुम

1. पहुँच, पकड़

दर्दे-मुश्तरक[1]

मैं अब तक ये समझती थी
कहानी का न दिल है और न गोयाई[2]
सलीक़ा ही नहीं इन्कार का उसको
हमेशा लिखने वाले की रज़ा[3] पर छोड़ देती है वजूद[4] अपना
कभी मुँह से नहीं कहती
कि मुझको उस तरफ़ मोड़ो, जिधर मैं चाहती हूँ
और यहाँ तक कि कई किरदार मर जाते हैं
फिर भी आँख से उसकी कभी आँसू नहीं गिरते,
कहानी कितनी शातिर है
कभी आग़ाज़[5] ही मिलता नहीं उसको
कभी अंजाम से महरूम रहती है
कभी ऐसा भी होता है
कि अफ़साने का ख़ालिक़[6]
अपने अफ़साने में उसको पाँव भी धरने नहीं देता
तो ये ख़ामोशी से
इक कर्ब की[7] चादर में अपना मुँह छिपाये लौट जाती है
कोई शिकवा नहीं करती
मगर कल शब[8], मैं जब तन्हाई में बैठी
कहानी लिख रही थी तो मुझे ऐसा लगा जैसे
वरक़ पर एक आँसू है
जो मैंने ग़ौर से देखा
जहाँ 'औरत' लिखा मैंने वहीं वह अश्क टपका था

---

1. साझा दर्द 2. बोलने की शक्ति 3. मर्जी 4. हस्ती 5. आरम्भ 6. रचयिता 7. बेचैनी की 8. रात

अलमिया[1]

दरीचे में खड़ी बारिश को
सड़कों पर बरसते देखती हूँ
सोचती हूँ
दुखों को अपने नाम क्या दूँ मैं
तमन्नाओं को गिरवी रख के
ख़्वाबों के सभी दर बंद कर के
कितनी मुश्किल से छुड़ा कर अपना दामन
छत और आँगन की तमन्ना से
फ़क़त इक घर की ख़्वाहिश में
ये ज़िंदाँ[2] मोल ले कर
इसपे अपने नाम की पट्टी लगाई है
बस इक ख़्वाहिश है जो
सावन की रातों में, दिल बहुत बेचैन रखती है
कि मैं सावन की ठंडी नरम बौछारों का रेशमी लम्स
अपने तन-बदन पर ओढ़ लेती हूँ
मगर कुछ यूँ
मैं बारिश देख तो सकती हूँ
उसको छू नहीं सकती

---

1. त्रासदी 2. क़ैदखाना

सन् दो हज़ार पचास की एक नज़्म

मेरे बच्चो,
इसे देखो
    जो ये इस जार में रक्खी हुई
कम्बख़्त सी शै[1] है
    बहुत पिछली ज़बानों में
इसे हम क़ल्ब[2] कहते हैं,
ज़रा आसान लफ़्ज़ों में जो समझाऊँ
ये दिल था और धड़कता था
हरेक इंसाँ के सीने में
ख़ुशी में ये बहुत सरशार[3] होता था
दुखों में डूब जाता था,
खिलौना जब कोई उम्मीद का
हाथों से गिर कर टूट जाता, तो
ये दिल बुझते दीये की लौ की सूरत
    थरथराता था
कोई भूला हुआ वादा
कोई बिछुड़ा हुआ लम्हा
दरे-दिल पर कभी दस्तक जो देता था
उदासी धुँध बन कर गिर्द इसके फैल जाती थी

→

1. वस्तु, चीज़ 2. दिल 3. खुश

दरीदा ख़्वाब तिश्ना आरज़ुएँ[1]
इश्क़ की वहशत[2]
    इसे पहरों रुलाती थी
ज़रा-सी ठेस इसको तोड़ देती थी
मगर उम्मीद का मरहम इसे फिर जोड़ देता था
जो क़िस्मत की लकीरों में न हो शामिल
ये उससे प्यार करता था
    बहुत नादान था
कुछ ऐसी चीज़ों के लिए इसरार करता था
जो अब हैं आउट ऑफ़ फ़ैशन
ये दिल राहे-तरक़्क़ी में बड़ा भारी-सा पत्थर था
हमारी ज़िन्दगी को ये बहुत डिस्टर्ब रखता था
सो हमने इसको अपनी ज़िन्दगी से बेदख़ल करके
म्यूज़ियम में रख दिया, और अब
न आँखें ख़्वाब बुनती हैं
न पलकों पर किसी की याद
हल्की सी नमी बनकर उतरती है
न अब मौसम हमें आवाज़ देता है
न ख़ुश्बू बात करती है
न शे'रों में सजे लफ़्ज़ों की कोमलता

→

1. तार-तार सपनों की प्यासी कामनाएँ 2. दीवानगी

किसी जज़्बे को छूती है
न आँखें बहकती हैं
और न जज़्बे आँच देते हैं
न कोई वस्ल[1] की ख़्वाहिश
न कोई हिज्र[2] का दुख है
मगर...
मगर क्या फ़र्क़ पड़ता है
तरक़्क़ी के लिए
इन्सान क़ीमत तो चुकाता है

---

1. मिलन 2. वियोग

वेंटिलेटर

ये अब कोमा में हैं
बस यूँ समझ लीजे
कि इनकी ज़िन्दगी के जो भी लम्हे हैं
वो अब इन्हीं मशीनों के सहारे से बसर होंगे
अगर हम वेंटिलेटर के बटन को ऑफ़ कर दें तो...
तो इनकी ज़िन्दगी भी
ख़त्म हो जायेगी और...
और कि उस पार
ख़ामोशी थी, मजबूरी थी, डर था
कुछ भी कहने को नहीं था पास मेरे
और मसीहा के
सो वो चुप हो गया
और मेरे अंदर शोर सा उभरा
और मेरी माँ थी
जो बिस्तर पर लेटी थी मशीनों के सहारे
यूं बज़ाहिर सो रही हो, पर
कहीं अंदर वो जैसे जागती थी
मिरे हर आँसू में उसके अश्क शामिल थे
मिरे सर पर उसी का हाथ था
वो धीरे-धीरे कह रही थी—
मिरी बेटी

→

उनकी बातों में न आना
वेंटिलेटर बंद हो जायेगा, लेकिन
फिर भी मैं ज़िंदा रहूँगी तेरे दिल में
तेरे ख़ुदो-ख़्याल[1] में
और तेरे पैकर[2] में

---

1. व्यक्तित्व और कल्पनाओं में 2. काया, शरीर

तेरा नाम

बारिशों के मौसम में
छत पे' बैठ के तन्हा
नन्ही-नन्ही बूँदों से
तेरा नाम लिखती हूँ

सवाल

मुहब्बत आश्ना लम्हे[1]
छिपाये इक अजब सा कर्ब[2]
लहज़े में
मुझी से पूछते हैं ये
अगर हर ख़्वाब की किस्मत में[3]
मर जाना ही लिक्खा है
तो आँखें देखती क्यूँ हैं

1. प्रेमपूर्ण क्षण 2. वेदना 3. स्वप्न-फल

शजर का नौहा[1]

परिन्दे अब भला किस शाख पर बैठेंगे
कैसे चहचहायेंगे
मिरे आँगन का बूढ़ा पेड़ तो अब कट चुका है
और उसकी लाश के चारों तरफ़
सारे परिन्दे बैन[2] करते हैं
मिरे बचपन का वो झूला
कि जिसकी दोस्ती थी
पेड़ की मज़बूत शाखों से
अब उसकी टूटी रस्सी नौहा बरलब[3] है
वो छाँव खेलती थी दोपहर में
जो हमारे साथ
अब तक दम ब-खुद है
मैं डरती हूँ वो इक आसेब[4] जिसने
मेरे बचपन की निशानी छीन ली मुझसे
मिरा आँगन न ले जाये

---

1. मृतक के लिए रोना 2. मातम करना 3. होंठों पर आया हुआ 4. भूत-प्रेत

चौथी सिम्त[1] का अलमिया[2]

बचपन में अम्मा मुझको
एक कहानी रोज़ सुनाया करती थीं
शहज़ादे को सिर्फ़ यही ताकीद[3] हमेशा की जाती थी
तीन तरफ़ बेशक वो जाये लेकिन
चौथी सम्त न जाये
और फिर इक दिन शहजादे ने चौथी सम्त
अपना घोड़ा डाल दिया
जाने उस पर क्या गुज़री
क्योंकि कहानी के इस मोड़ पर आते आते
मैं तो हमेशा सो जाती थी
फिर जब मैंने होश सँभाला
दुनिया देखी तब से जाना
शहज़ादा तो तीन तरफ़ भी जा सकता था
लेकिन मैं
सिर्फ़ इक सम्त में जा सकती हूँ

---

1. चौथी दिशा की 2 दुखान्त, शोकमय अन्त 3. चेतावनी

सज़ा-ए-बा मुशक़्क़त[1]

सुनो! मैंने सुना है
ये ज़मीं सोना उगलती है
बहुत जरखेज[2] है जिस चीज़ के भी बीज डालें
फस्ल उसकी चंद दिन में लहलहाती है
तो फिर इक काम करते हैं
मुझे तुम इस ज़मीं के कुछ मुरबअ[3] दो
मै इसमें हाथ बोऊँगी
मुझे हैरत से मत देखो
सुनो जब मैं ज़मीं में हाथ बोऊँगी
तो इसमें अनगिनत हाथों की फस्लें
लहलहाएँगी
फिर उन हाथों में हम इक-इक क़लम देकर
कहेंगे वो हमारे दर्द को लिक्खें
हमारे कर्ब को जानें
हमारे खौफ़ को समझें
वो इक डर जो हमें जीने नहीं देता
लहू को मुनजमिद[4] करके समंदर बीच
तन्हा छोड़ देता है

→

1. सश्रम कारावास 2. उपजाऊ 3. टुकड़ा 4. जमा देना, ठंडा कर देना

जो उम्मीदों की गागर तोड़ देता है
हमारे ख़्वाब बेताबीर[1] हैं
सारी दुआएँ आस्माँ की सम्त तकती हैं
हमारे घर के चूल्हे सर्द हैं
बच्चों के चेहरे जर्द हैं
जीना है इक ऐसी सज़ा-ए-बा मुशक़्क़त
जिसके चौदह साल पूरे ही नहीं होते

---

1. निष्फल, व्यर्थ

डर

ये डर जो साथ चलता है
मिरी माँ की अमानत है
मैं जब छोटी सी बच्ची थी
तो मेरी माँ ने इस डर को
मिरे दिल के किसी सुनसान गोशे[1] में
बड़ी मुश्किल से डाला था वो कहती थी
कि मैं तन्हा कहीं बाहर न जाऊँ
क्यों न जाऊँ बहस करती मैं
वहाँ पर भेड़िये फिरते हैं इन्सानों की सूरत में
(मैं उसकी बात सुनकर दिल में हँस पड़ती)
वो कहती थी
दुपट्टा सर पे लूँ अपनी निगाहें नीची रक्खूँ
और हर इक हुक्म पर सर को झुकाऊँ
और मैं कहती
सरासर बुज़दिली है ये
वो कहती
हाँ तो बुज़दिल लड़कियाँ ही शाद[2] रहती हैं
सदा आबाद रहती हैं
हमेशा शाद रहना था
मुझे आबाद रहना था
सो मैंने अपनी माँ की इस अमानत को
सदा आँचल से अपने बाँध रक्खा है

---

1 कोना 2. प्रसन्न, खुश

उसकी बेवा[1] से

तुम्हारे आँसुओं की पुश्त[2] पर जो दुख है
मैं उस दुख के साथ हूँ
तुम्हारी सिसकियों की गूँज के पीछे
कहानी जो लिखी है
मरकजी[3] किरदार हूँ मैं उस कहानी का
मिरी साथी
तुम्हें मैंने भी पहली बार देखा है
मगर लगता है कुछ ऐसा
हमें क़िस्मत ने इक डोरी से बाँधा है
हमारे दरमियाँ इक दर्द का रिश्ता है
और ये दर्द का रिश्ता बड़ी मुश्किल से बनता है
मेरी साथी
मोहब्बत तुमने कभी की थी
मोहब्बत मैंने भी की थी
मगर ये मानती हूँ मैं
मुकद्दर ने हमेशा दोस्ती जिससे निभाई
तुम वो हस्ती हो
अगरचे[4] एक ही रस्ता था
जिस पर चल रहे थे हम
मगर फिर भी

→

1. विधवा 2. पीठ 3. केन्द्र बिन्दु 4. यद्यपि

हमारे बीच जो इक फ़र्क है
गहरे समंदर से भी गहरा है
तुम उसके नाम पहनी चूड़ियों को तोड़ सकती हो
तुम उसका नाम लेकर बैन[1] कर सकती हो
लेकिन मैं...

1. मातम करना, रोना

तअल्लुक[1]

तअल्लुक काँच का बर्तन नहीं
हाथों से छूटे और चकनाचूर हो जाये
तअल्लुक आहनी[2] दीवार होता है
तअल्लुक आसमानों पर चमकता एक तारा भी नहीं
जो रात भर चमके
मगर जैसे ही सूरज अपनी किरन को
ज़मीं पर फैलने का हुक्म दे तो
वो कहीं रूपोश[3] हो जाये
तअल्लुक आस्माँ है
जो कभी ओझल नहीं होता
तअल्लुक मौसमों का हुस्न कब है जो कभी बाकी नहीं रहता
तअल्लुक तो हवा है
जो ज़मानत है हमारी ज़िन्दगी की
तअल्लुक अहद[4] कब है जो निभाता ही नहीं कोई
हमेशा टूट जाता है
तअल्लुक अश्क है एहसास है, जादू है, ख़ुश्बू है
तअल्लुक वक़्त की सूरत हमेशा चलता रहता है
तअल्लुक साँस की मानिन्द[5] होता है
तअल्लुक तोड़ने वालों
तुम्हें मालूम है सच्चा तअल्लुक खत्म हो सकता है
लेकिन मर नहीं सकता

---

1. सम्बन्ध 2. अटूट, लोहे की 3. छुपा हुआ 4. वादा, नियम 5. तरह

किरन से एक मुकालमा[1]

अँधेरा डाँट कर बोला
सुनो सूरज की ऐ नन्ही किरन
अब घर चली जाओ
तुम्हारी राजधानी पर हुकूमत अब मिरी होगी
किरन ने मुस्कुराकर
देवकामत[2] और पुरहैबत[3]
अँधेरे पर नज़र डाली
तहम्मुल[4] से यकीं और हौसले को
भर के अपने नर्म लहज़े में कहा,
देखो! चली तो जाऊँगी लेकिन
हर एक दिल में रहूँगी
इक नई उम्मीद की सूरत[5]
हर इक घर में मिलूँगी
तुमसे लड़ता इक दीया बनकर
सितारों से कभी झलकूँगी
उनकी रोशनी बन कर
कभी मैं चाँद से निकलूँगी
उसकी चाँदनी बनकर
सुनो
मैं जा के भी मौजूद हूँगी
और तुम
मौजूद होकर भी नहीं होगे

---

1. बातचीत 2. जिन्न/दानव जैसा डील-डौल 3. डरावना, भयानक 4. धैर्य, सन्तुष्टि 5. तरह

दूसरी दुनिया

अभी कुछ दिन उधर की बात है
जब मेरे बच्चों ने
मेरी आँखों से उस दुनिया को देखा था
(जो दुनिया मेरी दुनिया थी)
मैं इक पुल थी
ज़माने और उनके दरमियाँ
पहचान थी उन सारे रस्तों की
जो बिलकुल अजनबी थे उनकी आँखों के लिए
उँगली पकड़ कर मेरी
बच्चे जब कभी बाहर निकलते तो
सवालों से बनी ज़ंजीर कदमों में मिरे
यूँ डाल देते
कि सफ़र करना मिरा दुश्वार हो जाता
मगर फिर भी
मैं अपनी उलझनों को इक तरफ़ रखकर
तहम्मुल[1] से
जवाब हर बात का देती
समझती थी कि उनको
मेरे तफ़सीली[2] जवाबों की ज़रूरत है
तभी तो वो मिरी दुनिया को जानेंगे

→

---

1. शान्ति, धैर्य 2. स्पष्ट विवरण

मगर कल रात को जब
मेरा बेटा फेसबुक खोले हुए था
और बेटी अपने मोबाइल पर नंबर ढूँढती थी
दोस्तों के
जिनको उसने
अपने कॉलेज के सभी किस्से सुनाने थे
यकायक[1] मैंने कुछ पूछा
न जाने क्या कहा था
ज़ेहन[2] में बिलकुल नहीं लेकिन
मुझे बस याद है इतना
कभी छोटे से इक पल में
बज़ाहिर[3] नर्म लहज़े में कही
इक बात पत्थर बन के लगती है
मुझे उस पल ने
जो मेरे और उनके
बीच हाइल[4] था
बहुत नरमी से समझाया
कि बच्चे आज जिस दुनिया में रहते हैं
ये है इक दूसरी दुनिया
तुम इस दुनिया से बाहर हो...

---

1. अचानक 2. दिमाग़ 3. प्रकट रूप से 4. बाधा, अड़चन

यू-टर्न

सड़क के उस तरफ़ तुम हो
सड़क के इस तरफ़ मैं हूँ
ज़माना बीच में इक बाड़ की सूरत
हमारी बेबसी है ये
कि हम एक दूसरे को
देख तो सकते हैं
लेकिन
मिल नहीं सकते
हमें आगे ही आगे बढ़ते जाना है
न मंज़िल एक है अपनी
न इस सीधी सड़क पर
कोई भी यू-टर्न आता है

परवीन शाकिर के लिए एक नज़्म[1]

अभी तो मुंतज़िर[2] थी मैं कि
कोई लम्ह-ए-तख़्लीक़[3]
मेरी सम्त[4] आयेगा
अभी तो शहर-ए-ह.र्फ़-ओ-लफ़्ज[5] में
इक घर बनाने की
बहुत मासूम सी ख़्वाहिश
मेरे ख़्वाबों में उतरी थी
जहान-ए-मानी[6]-ओ-इदराक[7] की
खिड़की मुक़फ़्फ़ल[8] थी
मगर फिर यूँ हुआ
मानूसी[9] सी ख़ुश्बू ने मेरा हाथ थामा
ले चली इक ऐसी दुनिया में
जहाँ मैंने देखा एक शहज़ादी
कि थी ख़ुद इक ग़ज़ल की शक्ल ताबिंदा[10]
वो थी इक खूबसूरत
नज़्म की सूरत माह-ए-कामिल[11]
मैं उसको जानती थी
और न उसने मुझको देखा था
मगर ऐसा लगा जैसे वो शहज़ादी
हँसी लफ़्जों की सूरत गर
मिरी बरसो पुरानी इक सहेली हो

→

---

1. कविता 2. प्रतीक्षारत 3. उत्पत्ति/सृजन करना 4. तरफ़ 5. अक्षरों और शब्दों का नगर 6. यथार्थ की दुनिया 7. अवधारणा/समझ 8. बन्द 9. परिचित 10. चमकदार 11. पूरा चाँद

हमारे दर्द साँझे थे
हमारे गम की सूरत मिलती जुलती थी
हमारे आँसुओं का रंग यक्सा[1] था
सो जब ज़िन्दा थी वो तब भी
तआरुफ दोस्ती और जान और पहचान के लम्हे
हमारे दरमियाँ कब थे
मगर वो साथ थी मेरे
कभी ख़ुश्बू की सूरत
और कभी सदबर्ग[2] की सूरत
कभी मैं ख़ुदकलामी[3] में पूछती उससे
तो वो पलकें उठाकर देखती मुझ को
बड़ी गहरी उदासी से
कभी इन्कार का मौसम मिरे दिल में ठहर जाता
कभी माह-ए-तमाम[4] उसकी
ख़बर देता
फिर इक सफ़्फ़ाक[5] लम्हे ने
उसे नज़रों से ओझल कर दिया
तब भी वो अपने ख़ूबसूरत रंग
अपने दर्द
अपने आँसुओं का इक खज़ाना
छोड़कर ऐसे गई है
जैसे वो मौजूद है मुझ में
मैं उसके शे’र पढ़ती हूँ
मैं उसको याद करती हूँ
तो वो चुपके से कहती है
कि मैं ज़िन्दा हूँ अब तक
और तुम्हारी दोस्त हूँ अब भी...

---

1. एक जैसा 2. गेंदे का फूल 3. अपने आप से बात करना 4. पूरा चाँद 5. निर्दयी

ब्रेकिंग न्यूज़

तहय्युर[1], दहशत, खौफ़
बर्बरियत[2] और अनोखे ज़ुल्म को
मानूस[3] लफ़्ज़ों की कबा[4] पहना के
जब भी मीडिया से नश्र[5] करते हैं
बेक्रिंग न्यूज़ कहलाती है
और उस न्यूज़ में कोशिश ये की जाती है कि
वहशत ज़दा माहौल में वीडियो कोई
ऐसी बनाकर पेश की जाये
कि जिसको देख कर हमको यकीं आये
जहाँ में अब अँधेरा ही अँधेरा है
बहुत नायाब अब रोशन सवेरे हैं
कहीं जुगनू नहीं मिलते
कहीं पर गुल नहीं खिलते
हर इक सू चाक-दामन[6]
कहीं बखिये[7] नहीं सिलते
ब्रेकिंग न्यूज़ की इक दौड़ जारी है
कि पहले कौन सा चैनल
दिलों में दर्द भरता है लहू को सर्द करता है

→

---

1. ताज्जुब, आश्चर्य-चकित 2. बर्बरता 3. परिचित, जानकार 4. पोशाक 5. प्रसारित 6. फटा हुआ आँचल 7. टाँके

मैं सबसे पूछती हूँ
मिरी दुनिया में कोई ऐसी खबर
जो आँख में आँसू न बन पाये
जो दिल को खौफ़ की जानिब[1] न ले जाये
किसी इन्सान को नेकी,
किसी बच्चे को ऐसी मुस्कुराहट
जो फ़रिश्तों जैसी लगती है
दयार-ए-इश्क[2] की तस्ख़ीर[3] या फिर वो मसर्रत[4]
जो बहुत से आँसुओं के बाद मिलती है
तक़द्दुस[5] से भरा किरदार
सच्चाई, वफा, ईमानदारी, सब्र, हमदर्दी
ब्रेकिंग न्यूज़ आख़िर क्यों नहीं बनती...

---

1. तरफ़ 2. प्रेम की दुनिया की जीत 3. काबू में करना 4. रिश्ता 5. पवित्रता

मीरास[1]

मेरी बच्ची
मुझे है याद
तेरी दीद[2] का वो पहला पल अब तक
गुलाबी तौलिया में तेरा नाज़ुक जिस्म
लिपटा था
फ़िराक इक रेशमी पहने हुए थी
रंग उसका भी गुलाबी था
कभी मैंने फ़रिश्ते को नहीं देखा था
लेकिन उस घड़ी ऐसा लगा
जैसे फरिश्ता रू-ब-रू[3] हो तेरी सूरत में
जो पिछले नौ महीनों तक
मिरे लब पर रही थी
वो दुआ थी तू
जो मिरी कोख से उभरी थी वो
दिलकश सदा थी तू
मेरी नज़रें तेरे चेहरे से
हटती ही नहीं थीं

→

1. धरोहर 2. देखना, दर्शन 3. आमने-सामने

यूँ लग रहा था
आस्माँ पर जर्द[1] सूरज मुस्कुराता हो
ज़मीं पर नूर फैला हो
मैं तुझको चूमने आगे झुकी तो
एक सरगोशी[2] मिरे नज़दीक से उभरी
सुनो तुम अपना कोई दुख कहीं माथे पे
उसके लिख नहीं देना
कि होती आई है माँओं के दुख भी
बेटियों को सहने पड़ते हैं
उन्हें दुनिया में जीने को यही मीरास मिलती है

---

1. पीला 2. धीरे-धीरे बोलना, फुसफुसाना

क्या मुहब्बत इक पल है?

मैं दिल से पूछती हूँ
क्या मुहब्बत को भुलाना
इस कदर आसान होता है
''चलो इक बार फिर से अजनबी बन जायें हम दोनों''
बस इस मिसरे की उँगली थामकर
बरसों पुराना साथ पल में तोड़ देते हैं
मुहब्बत एक लम्हा तो नहीं
जो ज़िन्दगी में आये
और वापस चला जाये
मुहब्बत उम्र है
और उम्र जाँ के साथ जाती है
मुहब्बत आइना कब है
मुहब्बत अक्स है
जब आईना गिरकर ज़मीन पर
टूट जाता है
तो अपने अक्स को टूटे हुए टुकड़ों में भी
महफ़ूज़[1] रखता है
तो फिर मुमकिन नहीं कि
अजनबिय्यत का लबादा[2] ओढ़कर
कोई ये कह दे कि
चलो अब लौट जाते हैं...

---

1. सुरक्षित 2. अपरिचय का चोला

टेस्ट ट्यूब बेबी के हवाले से

कैसे तख़लीक़[1] हुई पहली साँस
कैसे हाथों में लकीरें उभरीं
कैसे इस दिल ने धड़कना सीखा
कैसे पलकों पे उजाला उतरे
इक मशीन और मशीन और मशीनों का हुजूम[2]
और कुछ ट्यूब्स के जिन पर
नहीं लिखा कोई नाम
हिन्द से नक्श[3] हैं जाने कैसे
एक इबहाम[4] के तले चीखता इबहाम नया
और जीवन का हर इक रंग किसी
काँच के बर्तन में छुपा
और वो कतरा-ओ-ख़ून
जिसने जन्मना है मुझे
क्या इसी प्यार के शफ़्फ़ाफ़[5] बदन में रवां[6]
जिसकी पहचान हूँ मैं
इक सवाल और सवालों का है इक जम-ए-गफ़ीर[7]
गो[8] मैं इन्सान हूँ मगर अपना वजूद
क्वेश्चन मार्क, मुझे लगता है,
दिल की आँखों में नमी रहती है
रूह पर बोझ धरा रहता है

---

1. सृजन, निर्माण 2. भीड़ 3. चिन्ह, निशान 4. अस्पष्टता 5. साफ़, चमकदार 6. बहता हुआ 7. जमघट, कोलाहल 8. यद्यपि

दायरों[1] में बँटी हुई औरत

नई तख़्लीक़[2] के लम्हों
ज़रा ठहरो
अभी मत लौट कर जाओ
मुझे इक नज़्म[3] लिखनी है
ब्याज़[4] अब चाहती है
इसमें ताज़ा शायरी भी हो
बहुत सा दर्द है दिल में
इसे लफ़्ज़ों में ढालना है
बहुत सा अश्क है
लेकिन इन्हें बहना नहीं है
बस ग़ज़ल या नज़्म की सूरत
किसी सादा से कागज़ पर चमकना है
नई तख़्लीक़ के लम्हों
ज़रा रुकना
क़लम तो हाथों में ले लूँ
अरे... दस बजने वाले हैं
कहाँ हो तुम
मिरे कपड़े प्रेस होंगे

→

---

1. सीमाओं 2. सृजन, कृति 3. कविता 4. डायरी

बहुत भूखा हूँ मैं
जल्दी से मुझको नाश्ता दे दो
ये तुम किस सोच में गुम हो अब तक
कि सूरज सिर पे आया
दोपहर में क्या पकाओगी...
नई तख़लीक़ के लम्हों
अभी जाओ
अभी मेरे बहुत से काम बाकी हैं...

वापसी का सफ़र

मैं जब वापस पलटती हूँ
हमेशा एक ऊँची आहनी[1] दीवार
रास्ता रोक लेती है
मुझे मालूम है दीवार के उस पार क्या है
जब कदम आगे बढ़ाती हूँ
कोई कानों में धीरे से
ये कहता है
मुहब्बत बस यहीं तक थी
मिरे हमदम मिरे साथी
छुड़ा कर मुझसे दामन
तुम भी तो वापस ही पलटे हो
फ़क़त[2] इतना बता दो
वापसी के इस सफ़र में
क्या तुम्हारी पुश्त[3] पर भी आहनी दीवार है या
किसी का ख़ुशनुमा सा हाथ...

---

1. लोहे जैसी मज़बूत 2. सिर्फ़, बस 3. पीठ

ख़ौफ़

अब तो ख़ौफ़ आता है

हर किसी की आहट से
अपनी मुस्कुराहट से
रास्तों में चलने से
तितलियाँ पकड़ने से
चूड़ियाँ खनकने से
सजने सँवरने से
अब तो ख़ौफ़ आता है

ज़िन्दगी की ख़्वाहिश से
दिल की आजमाइश से
रात के अँधेरे से
हर नये सवेरे से
जुगनुओं की किरनों से
बे-सबात[1] लम्हों से
अब तो ख़ौफ़ आता है

शायरी से ग़ज़लों से
अपने लिखे लफ़्ज़ों से
रायगाँ[2] से ज़ज़्बों से
अजनबी से रस्तों से
ख़्वाब और ख़यालों से
मुख़्तलिफ़[3] सवालों से
अब तो ख़ौफ़ आता है

1. अस्थायी 2. व्यर्थ, बेकार 3. विभिन्न, अलग-अलग

कहाँ हो तुम?

बहुत बचपन में गम ने
इक बड़े भाई की सूरत
मेरे सिर पर हाथ रक्खा था
कहा था
आज से तन्हा नहीं तुम
अब तुम्हारे साथ मैं होऊँगा
कहीं से एक आँसू भी
मिरी पलकों पे उतरा
और तसल्ली मुझको देकर
उसने भी वादा किया था
हम कभी तन्हा न छोड़ेंगे
तिरा हथियार होंगे हम
उदासी भी कहीं बैठी थी मुझ में
वो तड़प कर बोल उट्ठी
मैंने कभी इक घर बनाया है
तिरे दिल में
मुझे हरगिज़ जुदा ख़ुद से नहीं करना
मैं इन सब साथियों की हमरही[1] में
ज़िन्दगी जीती रही
ये सब मिरी ताकत भी थे
हमराज़ भी और राहबर[2] भी थे
'किसी' के हिज्र[3] की रातों में
मैं अपनी उदासी के गले लगती

→

1. सहयात्री 2. मार्गदर्शक 3. वियोग, दूरी

तो वो इक मेहरबा माँ की तरह
मुझको थपकती थी
कभी वो सामने होता
ज़बाँ जब कुछ न कह पाती थी
तो आँसू एक अच्छे दोस्त की मानिन्द[1]
आँखों से निकलते
और उसी के सामने
दिल पे लिखी तहरीर[2] रख देते

उधर अब कुछ दिनों से
मुझको ऐसा लग रहा है
जैसे मिरा दिल
किसी भी गम से खाली हो
बिना कुछ भी कहे
गम छोड़ देगा मिरे दिल को
मैंने ये हरगिज़ न सोचा था
अब आँखें खुश्क रहती हैं
तो क्या आँसू भी
रस्ता भूल बैठे आँखों का
बिलकुल निहत्था कर गये मुझको
उदासी भी मुझे मिलने नहीं आती
मिरे बचपन के सब साथी
जो मिरा हौसला थे
मिरी ताकत थे
कहाँ सब खो गये हैं
कोई तो मुझको बता दे
कोई तो उनका पता दे

---

1. तरह, जैसा 2. लिखना, गढ़ना

मुझे इन्कार करना था

(एक मनज़ूम[1] अफ़साना)

(1)

मुझे इन्कार करना था
मगर मैं कर नहीं पाई
अजब लम्हा था मेरे रू-ब-रू[1]
जब माँ ने एक तस्वीर मेरे सामने रक्खी थी
और फिर सख़्त लहज़े में कहा था
देख लो इसको
यही है वो
कि हमने जिससे रिश्ता तय किया है
अब तुम्हारी ज़िन्दगी का मालिक ओ-मुख़्तार[2] ये होगा
मगर...
मैंने बड़ी हैरत
बहुत ही बेबसी से माँ को देखा
और सोचा था कि
कैसी माँ है मेरी माँ
कि माँएँ बिन कहे भी
बेटियों के दिल की बातें जान लेती हैं
मुझे ऐसा लगा जैसे मिरी आँखों के सारे ख़्वाब
गोया काँच के बर्तन हों
जो हाथों से गिर कर टूट जाते हैं

→

---

1. जिसे गाया जा सके (1) 1. आमने-सामने 2. सशक्त अधिकारी

और इन की किर्चियाँ[1] पैवस्त हों
दिल की हर इक रग में
बहुत से खून के कतरे भी टपके थे
बहुत से अश्क[2] बिन रोये बहे थे
पर उन्हें माँ ने नहीं देखा
हमेशा की तरह इक ओढ़नी जो सब्र की थी
ओढ़ ली मैंने
मुझे इन्कार करना था मगर... मैं कर नहीं पाई

(2)

सुनो तुम मेरी अम्मा की वो ख़्वाहिश हो
जो मेरी .ख्वाहिशों की हद से बाहर है
तआल्लुक वो जो उल्फत[1], प्यार और चाहत से जुड़ता है
हमारे दरमियाँ ऐसा कोई रिश्ता
न बन पायेगा
क्योंकि मैं किसी का हूँ
और उसी से जल्द शादी करने वाला हूँ
ज़माने की निगाहों में मियाँ बीवी रहेंगे हम
मगर दिल का तआल्लुक तुमसे कायम हो नहीं सकता
तुम्हें मंज़ूर है गर ये
तो रह जाओ
वगरना[2] सामने दरवाज़ा है
वापस चली जाओ

→

1. टुकड़े 2. आँसू (2) 1. प्रेम 2. अन्यथा

मुझे इन्कार करना था
मगर माँ बाप की इज़्ज़त
ज़माने का वो डर
साँसों से जो लिपटा हुआ था
कह रहा था
सोच लो, इक बार

फिर से सोच लो
दुनिया से कैसे लड़ सकोगी तुम
मुझे इन्कार करना था
मगर मैं...

(3)

मेरी अम्मा
ये मैंने और मिरी बेगम ने सोचा है
कि हम इस चार कमरों के मकाँ को बेच दें
क्योंकि
ज़माना काफ़ी आगे जा चुका है
बड़ा दालान[1], आँगन और आँगन में बनी क्यारी
ये बूढ़ा पेड़ अब मायूब[2] सा लगने लगा
और हमने तय किया है
इस मकाँ को बेच कर हम
एक फ्लैट ऐसा खरीदें
जो ज़मीन पर हो

→

(3) 1. बरामदा 2. खराब

न ऊँचे आस्माँ पर हो
जहाँ पर लिफ़्ट हो, जिम्नेज़ियम हो, पार्क हो
और वो सभी कुछ ख़्वाब जिसके हमने देखे हैं
वो मेरा खून का
सबसे ज़्यादा सच्चा रिश्ता मेरा बेटा था
मैं कहना चाहती थी
देख ये आँगन जहाँ पैरों ने तेरे चलना सीखा है
तू जब जब डगमगाया है
तो इस आँगन ने ही तुझको सँभाला है
वो बूढ़ा पेड़ जिसकी शाख में अब तक तिरा झूला बँधा है

ये दरवाज़ा जहाँ से मैं दुल्हन बनकर
कभी इस घर में आई थी
तो कुछ महरूमियाँ[1] और बेबसी साथ लाई थी
और अपनी मुँह दिखाई में
बहुत से जख्म पाये थे
जब इन ज़ख्मों को रिसते देखती
आँसू बहाती
तब इसी घर के
सुतून[2] और फ़र्श, छत और दीवार
मुझको तसल्ली ऐसे देते थे
कि गोया[3] वो मिरे मायके के साथी हों
कोई ना-दीदा[4] आँचल अपने अन्दर

→

1. अभाव 2. स्तम्भ, खम्बे 3. जैसे 4. अदृश्य

अश्क़ मेरे जज़्ब[1] कर लेता
ये घर वो दोस्त है जो
राज़ मेरे जानता है
मुझे पहचानता है
मिरी अच्छी बुरी यादें इसी घर से जुड़ी हैं
मगर बेटा...
मैं बोली तो मिरी आवाज़ में जो कँपकपाहट थी
वो शायद मेरे बेटे तक नहीं पहुँची
मुझे इन्कार करना था
मुझे इन्कार करना था
मगर पहली दफ़ा इन्कार करने को ज़बाँ खोली
तो ये जाना
कि मैं इन्कार करने का हुनर ही खो चुकी हूँ अब

---

1. सोख लेना

बरगद में अटका हुआ चाँद

(मरहूम[1] माँ के लिए एक नज़्म)

ईद आती है तो पलकों पर थमे अश्कों को
मुस्कुराहट में बदल देती है
लेकिन ऐ माँ
मेरे इन अश्कों में
इक अश्क बड़ा जिद्दी है
जो न हँसता है, न बहता है, न कुछ कहता है
और इस अश्क की आँखों में नमी है जिसकी
मेरे चेहरे पर भी उस कर्ब[2] की
परछाईं है
उसकी पेशानी[3] पे इक ह.र्फ़-ए-जुदाई[4] है लिखा
जो मिरे दिल पे भी तहरीर[5] है
जाने कब से
अब मिरे और तिरे बीच कई सदियाँ हैं
फिर भी ऐ माँ
तिरी ख़ुश्बू मुझे महकाती है
जब भी घबरा के अँधेरों से
सदा देती हूँ
तेरी आवाज़ मुझे थामने आ जाती है
आज भी याद तिरी
दिल में चमकती है यूँ
जैसे बरगद की घनी शाखों में
अटका हो चाँद...

---

1. दिवंगत 2. कष्ट, परेशानी 3. माथा 4. बिछुड़ने का सन्देश 5. गढ़ा/लिखा हुआ

पाँचवीं हिजरत[1]

तो क्या असबाब अपना बाँध लूँ मैं
मगर सामान में क्या-क्या रखा जाये
चलो तस्वीर बाबा की उठा लेती हूँ
और ये माँ की ख़ुश्बू,
हाँ, मगर ये तो
        हमेशा साथ रहती है
मिरे आँचल में जो गिरहें[2] लगी हैं
उनमें मेरी माँ की बातों की महक है
वो कहा करती थी
बेटी, ये तुम्हारा घर नहीं है
घर है ये बाबा का, भैया का
तुम्हारा घर तो वहाँ होगा
        जहाँ पर तितलियों से ख़्वाब होंगे
और फूलों जैसी ता'बीरें[3]
तुम्हारी मिल्कियत होगा वो घर
        एक आइना होगा, कि जिसके अक्स सारे
बस तुम्हारे नाम से मंसूब[4] होंगे
        और तुम्हारी राजधानी होगा वो घर

→

1. प्रस्थान, वतन छोड़ना 2. गाँठें 3. स्वप्न-फल 4. सम्बन्धित

तो क्या सामान फिर से बाँध लूँ मैं
मिरे सामान में कुछ ख़्वाब हैं
और एक बेटा है...
मेरा भाई मुझे अब लेने आया है,
ये सारे लोग कहते हैं
कि ये घर मरने वाले का था
अब हैं अजनबी उसके दरो-दीवार
        तेरे वास्ते...
लेकिन ये घर तो आइना था मेरा
और उस आइने की किर्चियाँ
मेरे सभी ख़्वाबों को ज़ख़्मी कर गई हैं

तो क्या असबाब अपना बाँध लूँ फिर...
मगर अब क्या उठाऊँ
चलो, उम्मीद के कुछ फूल अपने साथ रखती हूँ
कि अब जिस घर में जाऊँगी
वो मेरा अपना घर होगा
        मेरे बेटे का घर
उसने दयारे-ग़ैर[1] से मुझको बुलाया है

→

1. परदेस

कि अम्मां मेरे पास आ जाओ
        मैंने घर बनाया है
और इक मरमर के टुकड़े पर
तुम्हारा नाम लिख कर गेट पर तख़्ती लगाई है
तुम्हारा मुंतज़र[1] है मेरा घर
        उसके दरो-दीवार...
अम्मां बस्स् तुम आ जाओ

तो क्या असबाब अपना बाँध लूँ मैं...
मिरा हर ख़्वाब औंधे मुँह पड़ा है
        समाअत[2] जैसे काँटों में घसीटी जा रही है
और
मेरे बेटे की बिल्कुल अजनबी आवाज़
        मुझसे कह रही है
मेरी अम्मां, यहाँ पर बैठे लोगों के लिए
जो घर बने हैं वो बहुत अच्छे हैं
बेहद ख़ूबसूरत
और तुम तन्हा नहीं होगी, वहाँ पर
दूसरे भी होंगे तुम जैसे...

→

1. प्रतीक्षा करता हुआ 2. सुनने की सामर्थ्य

मैं उसके मुँह को तकती हूँ
समझ में कुछ नहीं आता

तो क्या असबाब फिर से...
अभी तो मैंने इस बक्से में
अपना दर्द रक्खा था
कहाँ है वो...?
जो ये आहिस्ता आहिस्ता सिसकता है
मिरा बरसों पुराना ख़्वाब है
उसको उठा कर मुझ को देना
तमन्नाओं की ये कुछ किर्चियाँ हैं
ये भी रख दो,
ये इतना ढेर सारा दुख कहाँ जायेगा
इसको साथ ले लूँ
मगर...
मगर इक ख़ौफ़ भी तो है
मिरे असबाब में, दिल में है
मिरी रूह में मौजूद है ये ख़ौफ़
अगर अब पाँचवीं हिजरत
मुक़द्दर में लिखी हो तो...
...ज़ादे-राह[1] क्या होगा?...

❑❑❑

1. रास्ते का खाना और खर्च

राजपाल एण्ड सन्ज़ की स्थापना एक शताब्दी पूर्व 1912 में लाहौर में हुई थी। आरम्भिक दिनों में अधिकतर धार्मिक, सामाजिक और देश-प्रेम की पुस्तकें प्रकाशित होती थीं और हिन्दी के अतिरिक्त अंग्रेज़ी, उर्दू व पंजाबी भाषा में भी पुस्तकें प्रकाशित की जाती थीं।

1947 में भारत-विभाजन के बाद राजपाल एण्ड सन्ज़ को नए सिरे से दिल्ली में स्थापित किया गया और साहित्यिक पुस्तकों के प्रकाशन का आरम्भ हुआ। रामधारी सिंह दिनकर, महादेवी वर्मा, बच्चन, अज्ञेय, शिवानी, आचार्य चतुरसेन, विष्णु प्रभाकर, राजेन्द्र यादव, मोहन राकेश, रांगेय राघव, कमलेश्वर और अन्य साहित्यिक लेखकों की कृतियाँ यहाँ से प्रकाशित होने लगीं। राजपाल एण्ड सन्ज़ से प्रकाशित *मधुशाला, कुरुक्षेत्र, मानस का हंस, आवारा मसीहा, कितने पाकिस्तान, आषाढ़ का एक दिन* जैसी पुस्तकें हिन्दी साहित्य की 'क्लासिक पुस्तकें' मानी जाती हैं और आज भी लोकप्रियता के शिखर पर हैं। भारत के राष्ट्रपतियों और प्रधानमंत्रियों की पुस्तकें प्रकाशित करने का गौरव भी राजपाल एण्ड सन्ज़ को प्राप्त है। नोबेल पुरस्कार से सम्मानित अर्थशास्त्री डॉ. अमर्त्य सेन की सभी पुस्तकों के हिन्दी अनुवाद यहाँ से प्रकाशित हैं। अन्तरराष्ट्रीय चर्चित पुस्तकों के अनुवाद, विश्वविख्यात कोशकार डॉ. हरदेव बाहरी द्वारा सम्पादित 'राजपाल' शब्दकोशों की श्रृंखला और किशोरों के लिए सैकड़ों पुस्तकें राजपाल एण्ड सन्ज़ से प्रकाशित हुई हैं।

पाठकों के स्वस्थ और सुरुचिपूर्ण मनोरंजन और ज्ञानवर्धन के लिए समर्पित राजपाल एण्ड सन्ज़ से हिन्दी और अंग्रेज़ी में पुस्तकें प्रकाशित होती हैं जो देश के सभी बड़े पुस्तक-विक्रेताओं और विश्व भर के ऑनलाइन विक्रेताओं के यहाँ उपलब्ध हैं।

राजपाल एण्ड सन्ज़

1590 मदरसा रोड, कश्मीरी गेट, दिल्ली-6, फोन: 011-23869812, 23865483
email: sales@rajpalpublishing.com, facebook: facebook.com/rajpalandsons
website: www.rajpalpublishing.com

‘लोकप्रिय शायर और उनकी शायरी’ शृंखला की अन्य पुस्तकें

- फ़ैज़
- ज़ौक
- जिगर
- मजाज़
- इक़बाल
- ग़ालिब
- क़तील शिफ़ाई
- अख़्तर शीरानी
- सरदार जाफ़री
- मीर तक़ी ‘मीर’
- जोश मलीहाबादी
- फ़िराक गोरखपुरी
- मजरूह सुलतानपुरी
- साहिर लुधियानवी
- नज़ीर अकबराबादी
- नासिर काज़मी

राजपाल एण्ड सन्ज़ से प्रकाशित शायरी की पुस्तकें

पाकिस्तान की शायरी

हिन्दुस्तानी ग़ज़लें

ये मेरी ग़ज़लें ये मेरी नज़्में

कैफ़ी आज़मी

बशीर बद्र

कृष्ण बिहारी 'नूर'

अहमद फ़राज़

शहरयार

निदा फ़ाज़ली

अमीर क़ज़लबाश

राजपाल एण्ड सन्ज़ से प्रकाशित
हरिवंशराय बच्चन का चर्चित काव्य-संग्रह

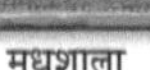
मधुशाला

मधुकलश

मधुबाला

ख़ैयाम की मधुशाला

मिलन यामिनी

सतरंगिनी

जाल समेटा

दो चट्टानें

निशा निमंत्रण

मेरी श्रेष्ठ कविताएं

भगवद्गीता

सभी पुस्तक विक्रेताओं और सभी
प्रमुख वेबसाइट पर उपलब्ध
www.rajpalpublishing.com

www.ingramcontent.com/pod-product-compliance
Ingram Content Group UK Ltd.
Pitfield, Milton Keynes, MK11 3LW, UK
UKHW041822200726
13854UKWH00002BA/502

9 789350 643983